A Crash Course in Chinese as a Foreign Language
对外汉语速成系列教材

Easy Learning Chinese
乐学汉语

进阶篇·第一册 Advanced Course

主　编　鹿钦佞
副主编　芦敬　姚远　于涛
编　者　芦敬　姜春花　何敏　项晨辰　鹿钦佞　姚远　于涛
译　者　杨景琳

图书在版编目（CIP）数据

乐学汉语. 进阶篇. 第1册 / 鹿钦佞主编. -- 上海：上海外语教育出版社, 2019 (2024重印)
对外汉语速成系列教材
ISBN 978-7-5446-5630-6

Ⅰ.①乐… Ⅱ.①鹿… Ⅲ.①汉语－对外汉语教学－教材 Ⅳ.①H195.4

中国版本图书馆CIP数据核字（2019）第018624号

出版发行：**上海外语教育出版社**
（上海外国语大学内） 邮编：200083
电　　话：021-65425300（总机）
电子邮箱：bookinfo@sflep.com.cn
网　　址：http://www.sflep.com
责任编辑：梁瀚杰

印　　刷：上海景条印刷有限公司
开　　本：890×1240 1/16 印张 13 字数 323千字
版　　次：2019年6月第1版 2024年7月第2次印刷

书　　号：ISBN 978-7-5446-5630-6 / H
定　　价：68.00元

本版图书如有印装质量问题，可向本社调换
质量服务热线：4008-213-263

前言 Preface

《对外汉语速成系列教材·乐学汉语》（*A Crash Course in Chinese as a Foreign Language · Easy Learning Chinese*）共8册（基础篇1-4册（Basic Course 1-4），进阶篇1-4册（Advanced Course 1-4）），每册15课。本教材既适合于作为短期汉语口语速成教学教材，也可作为以一学期为单位的汉语口语训练教材，使用本教材的教学单位可以根据实际需要来选择。其中，基础篇第1册适用对象是零起点的汉语初学者，进阶篇第1册适用对象是HSK四级及以上学习者。

本教材节奏明快，讲、学、练紧密结合，可以让学习者在短期内取得明显的进步，特别是在口语表达和听力理解两个方面达到速成的目标。书写与认读方面，教材坚持抓大放小，实事求是，兼顾基础与提高。

一、教材的体例

1. 热身准备：通过看、听、问、答等方式来对本课训练的主要功能项进行课前预备。

2. 课文：进阶篇每课的主课文由短文和对话两部分组成。短文与对话话题相关，短文着重于正式语体成段表达训练，对话更关注会话能力的训练，二者互为补充、相辅相成。为体现教材清晰、明快的特色，每一课不列总生词表，而是在每一段课文之下配该段的生词表。词汇的呈现方式不单单以词汇学意义上的词汇为单位，同时也关照了韵律词汇和心理词汇。

3. 注释：注释是对非重点的语法、词汇和文化常识所做的说明。

4. 语言点讲练：语言点部分"讲"得少而"练"得多，旨在让学生通过练习和观察，运用认知能力来自觉总结语言规则；语言点讲练注重句法、语义和语用的结合，使学生能够正确地理解和运用。

5. 会话实践：这部分其实是主课文（对话／短文）的延伸，通过回答问题、课文练习、活学活用等环节对主课文中的核心句进行反复训练，达到熟能生巧的目的。

6. 练习：对本课的功能项、话题所需要掌握的词、句和表达方式进行集中练习。练习题目形式多样，题量适中，兼顾各种语言要素和语言技能，真正体现精讲多练的原则。

7. 拓展：旨在鼓励学生根据不同情境对本课乃至之前所学词汇、语言表达等进行创造性重组，并综合性运用。温故知新，融会贯通，分享超越，从而顺利将学习内容从课堂延伸至社会生活。

8. 全书后附语言点讲练参考答案（含语言点索引）和总生词表。

二、教材的特色

本教材有以下五个方面的特色。

第一，教材的编写严格依据《国际汉语教学通用课程大纲》《对外汉语汉字与词汇等级大纲》《对外汉语语法大纲》《HSK大纲（词汇、语法）》《欧洲语言共同参考框架》等纲领性文件，在功能确定、话题选择、词汇和语法项目的选取和复现等方面广泛参考当前的研究成果；教材兼顾输入和输出，注重语法、词汇和功能项以滚动、螺旋状方式上升，特别强调学习规律。基础篇1-4册完全覆盖HSK三级的功能、语法和词汇要求，并覆盖部分HSK四级的内容；进阶篇1-4册完全覆盖HSK五级的功能、语法和词汇要求，并覆盖部分HSK六级的内容。进阶篇每册设置15个话题，功能项20个左右，常用词汇450个左右，语言点60条左右。

第二，本教材极具时代性，十分关注当代中国的语言和文化动态。教材对社会生活中出现的新现象、学生迫切需要掌握的时代语言尤为关注，通过前期调研，充分掌握学生需求，对一些新词汇、新表达（例如APP点餐、电话约车、网络订票等）、新颖而重要的功能项目作全面的整理和精心的设计，必要时教材会增加辅助的网络或者手机客户端的操练内容，增强教材的多模态性。课文内容轻松活泼，篇幅短小，内容新颖有趣，融入了当代中国年轻人的微信社交、网络订餐等生活元素，富有时代感，符合当代人的生活实情，有助于学生在轻松的课堂氛围下高效地开展各种学习活动。

第三，本教材强调实用，在语言风格上追求原汁原味、自然平实的口语表达。教材设计将课文内容与学生可能遇到的各种生活情境相关联，并关注到学生在华期间的出行、社交、娱乐、购物等应急之需。利用目的语环境，将课堂拓展到社会，力求将课堂与社区、社会打通，课堂所学可以马上运用到课下，可以最大程度地帮助学生将所学迁移到真实社会场景中，真正贯彻学以致用的原则；教材中短小实用的句子可以有效激发学生开口说汉语的愿望，提高他们使用汉语的自信。

第四，编写时充分考虑到了教师的教学设计，对于教学过程、教学环节、教学内容、操练方法、拓展训练内容和模式均进行了充分的设计。一切设计围绕学生的训练进行，一切设计服务于课堂教学。对于教师来说，使用本教材极易上手，它完全以学生为中心，教材内容体现了教学内容和教学设计，大大节约了授课教师的备课时间，同时也给教师留足了发挥的余地和收放的空间。

第五，本教材以功能为主线，兼顾语言结构。首先确定学生务必掌握的功能项，在此基础上选择必要的、学生可能感兴趣的话题，最后根据话题的需要，在多种大纲的指导下确定语言点和词汇项，最后编制主课文。教材会根据功能、词汇与语言点项目复杂度与难度的不同进行升级式复现。如前面出现了"服务员"，后面会出现更通行的"帅哥""美女"；在学习过"你好"的问候方式之后，还要学会更多的"明知故问"型的、地道的中国式表达。

三、使用建议

第一，本教材建议课时为：每课4-5课时，每册教学共需约60课时。

第二，教师是课堂活动的组织者，须利用、创造各种机会让学生进行言语操练。特别是主课文教学，教师应当紧紧围绕核心句的理解和表达、语义和语用、语言风格与人物个性等多个角度进行讲练。通过会话实践、练习和拓展等环节，帮助学生掌握课文中的词汇、语法与功能表达。

第三，教材的编写体例已经充分考虑了教学设计，教师完全可以跟着教材的内容次序来开展教学。教师的主观能动性主要体现在主课文讲练中活动的安排上，对词汇或语法内容无需扩充，把握课文重点即可。当然，若学生学有余力，教师不妨围绕话题与功能，再增加其他形式的语言操练活动。

鹿钦佞
2019年3月

目录 Contents

课文 Lesson		页码 Page
第1课	学汉语	1
第2课	压力山大	13
第3课	各有所好	25
第4课	民以食为天	37
第5课	游遍中国	49
第6课	健康的生活习惯	61
第7课	躲不开的广告	73
第8课	宠物好萌	85
第9课	性格与外貌	97
第10课	"剩男""剩女"	109
第11课	保护坏境，人人有责	121
第12课	绿色出行	133
第13课	手机与生活	145
第14课	工作面试	157
第15课	过节有讲究	169

语言点讲练参考答案 ················· 181

生词表 ················· 189

1

学汉语

1.举例、不相信
2.谈谈学汉语时遇到的问题
3.谈谈学汉语的方法

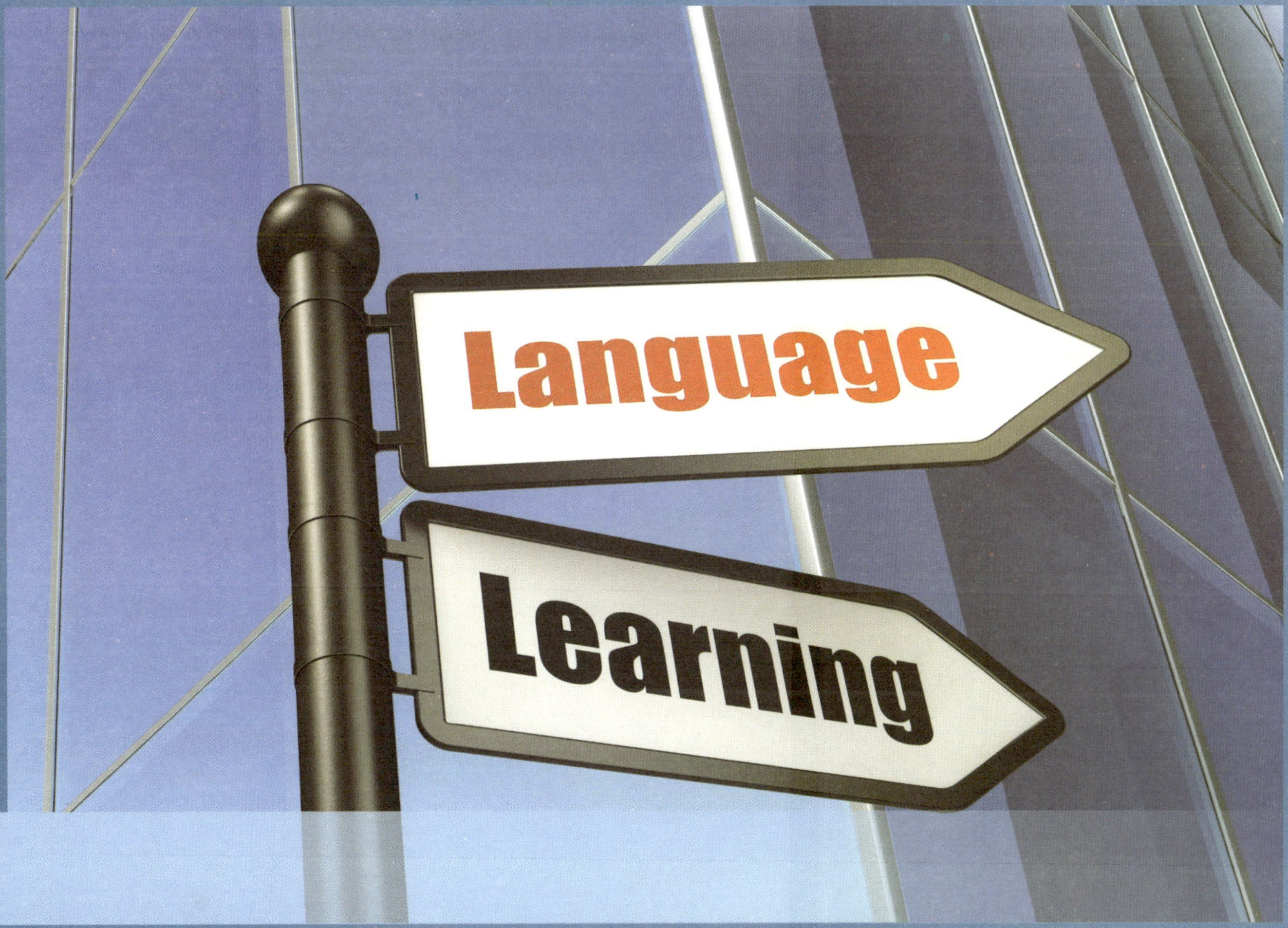

热身准备

1. 你选择学汉语的原因是什么？
2. 你学汉语多长时间了？
3. 你是怎么学汉语的？有没有什么好方法？
4. 学汉语时，你遇到过什么困难？怎么解决的？

课文一 短文

（上课时，老师请马丁谈谈学汉语时遇到的问题……）

我是受妈妈的影响才选择学习汉语的，我希望将来能从事跟中国有关的工作。对我来说，汉语最难的是汉字。汉字包含大量信息，笔画也很多。听到的和写下来的一点儿关系也没有，完全不像我的母语。有的字还特别相似，比如"我"和"找"，我就花了不少时间才弄明白它们的区别。在我的努力下，终于成功地解决了汉字问题。可是又发现自己的发音一点儿也不标准，洋腔洋调的。有一次我就把"你真棒"说成了"你真胖"，让中国朋友哭笑不得，我特别尴尬。

1. 受	shòu	动 (v.)	to receive; to suffer; to be subjected to	~（到）……影响/表扬
2. 选择	xuǎnzé	动 (v.) /名 (n.)	to choose; choice	做~；一个~
3. 从事	cóngshì	动 (v.)	to engage in	~教育工作
4. 包含	bāohán	动 (v.)	to include	~信息/内容
5. 大量	dàliàng	形 (adj.)	a large number of	~信息/日常用品
6. 母语	mǔyǔ	名 (n.)	native language	
7. 相似	xiāngsì	形 (adj.)	similar	A跟B~
8. 比如	bǐrú	动 (v.)	for example...	~（例子）
9. 区别	qūbié	名 (n.)	difference	有~，~很大

10. 终于	zhōngyú	副（adv.）	finally	~成功，~解决
11. 成功	chénggōng	形（adj.）/动（v.）	successful; to succeed	取得~；~解决，很~
12. 洋腔洋调	yáng qiāng yáng diào		to have a foreign accent	
13. 哭笑不得	kūxiào bùdé		at a loss whether to cry or to laugh	
14. 尴尬	gāngà	形（adj.）	embarrassing; embarrassed	

课文二 对话

（课间休息的时候……）

安娜：马丁，我请教一下，你平时都是怎么学习的？

马丁：上课集中注意力听讲呗。

安娜：得了吧，我才不信呢，这也太简单了。

马丁：就这么简单。我们的老师都很有经验，知道重点难点是什么，留学生常出现的错误有哪些。认真听讲，准没错。

安娜：那你有学习词语的好办法吗？

马丁：你把生词用既简单又有趣的句子记下来，准忘不了。

安娜：这个办法好，我要试试。

马丁：还要多跟中国人聊天，在提高口语能力的同时还能了解中国人的想法。

安娜：那我可不敢。我一看到中国人就紧张得说不出话来。

马丁：别害羞啊。中国人那么热情，特别愿意跟外国人聊天呢。

15. 请教	qǐngjiào	动（v.）	to ask for advice; to consult	~一下，向……~
16. 平时	píngshí	名（n.）	at ordinary times	
17. 集中	jízhōng	形（adj.）/动（v.）	concentrated; to concentrate	精神~；~注意力
18. 呗	bei	语气（modal particle）	used to indicate an obvious fact	
19. 重点	zhòngdiǎn	名（n.）	emphasis	关注~

20. 难点	nándiǎn	名 (n.)	difficult point	知道~
21. 错误	cuòwù	名 (n.)	mistake	犯~，一个~
22. 准	zhǔn	副 (adv.)	definitely; surely	~忘不了，~没错，~能成功
23. 词语	cíyǔ	名 (n.)	word	常用的~
24. 既……又……	jì ... yòu ...		not only... but also...	既简单又有趣
25. 有趣	yǒuqù	形 (adj.)	interesting	很~
26. 能力	nénglì	名 (n.)	capacity; ability	有~，锻炼~，~强
27. 同时	tóngshí	名 (n.)	meanwhile	（在）A的~还/也B
28. 敢	gǎn	动 (v.)	to dare	（不）~VO
29. 紧张	jǐnzhāng	形 (adj.)	nervous	很~
30. 害羞	hàixiū	形 (adj.)	shy	别~

语言点讲练

一、"对……来说"

"对……来说"表示从说话人的角度来看,后面必须有说话人的看法,也可以用更书面的"对……而言"。

"对……来说" indicates the speaker's point of view. The structure must be followed by the speaker's perspective, and "对……而言" can also be used as the written form.

例:
1. **对**我**来说**,汉语最难的是汉字。
2. **对**爸爸妈妈**来说**,孩子的健康最重要。

用"对……来说"回答问题。

1. 学汉语时,你觉得什么最难?_____
2. 你觉得怎么学习汉语最有效果?_____
3. 你觉得什么样的工作是好工作?_____

二、"一点儿……不/没……"

"一点儿……不/没……"表示完全否定,"不/没"前常常加"也/都"来强调。

"一点儿……不/没……" is used to express a complete negation. "也/都" can often be used before "不/没" to indicate an emphasis.

例:
1. (汉字)听到的和写下来的**一点儿**关系**也没**有。
2. 汉语**一点儿都不**难。
3. 你别问他了,这件事他**一点儿也不**知道。
4. 今天早上我**一点儿**早饭**也没**吃。

可数名词常用"一 +量词+名词+也/都+不/没……"。

Countable nouns can often be used in this pattern: "一 + measure word + noun +也/都+不/没……"

例:
5. 我**一**个人**也不**认识。
6. 考试太难了,我**一**道题**都没**做对。

用"一点儿……不/没……"完成句子。

1. 作业　　　写 _____

2. 酒　　　　喝 _____

3. 中文电影　看 _____

4. 他说的话　错 _____

三、"既……又……"

并列复句"既……又……"表示同时具有两个方面的性质或情况，可连接两个结构和音节数目相同的形容词、动词或动词词组。

"既……又……" indicates the fact that two aspects or properties exist at the same time. "既" and "又" should be followed by two adjectives, verbs or verbal phrases with the same number of structures and syllables.

例：

1. 你把生词用**既**简单**又**有趣的句子记下来，准忘不了。
2. 他**既**聪明**又**努力，所以汉语学得特别好。
3. 他**既**是我的老师，**又**是我的朋友。
4. 他**既**不说去，**又**不说不去，我也不知道他的想法。

用"既……又……"回答问题。

1. 学好汉语有什么好处？_____

2. 你对中国有什么印象？_____

3. 你觉得中国菜怎么样？_____

4. 骑自行车有什么好处？_____

四、"（在）A的同时还/也B"

"（在）A的同时还/也B"表示两个动作行为在同一时间发生。

"（在）A的同时还/也B" indicates that the two actions A and B happen at the same time.

例：

1. 多跟中国人聊天，**在**提高口语能力**的同时还**能了解中国人的想法。
2. **在**学习**的同时也**要注意锻炼身体。
3. 他**在**中国留学**的同时还**认识了很多来自世界各地的朋友。

用"(在)A的同时还/也B"完成句子。

1. 吃药、休息 _____

2. 工作、放松 _____

3. 游泳、注意安全 _____

4. 旅行、了解文化 _____

课文一 会话实践

一、根据短文内容回答问题。

1. 马丁为什么选择学习汉语?
2. 马丁将来想做什么工作?
3. 对马丁来说,汉语最难的部分是什么?
4. 汉字有什么特点?

二、根据提示复述。

Ⓐ 我是_____妈妈的影响才_____学习汉语的,我希望将来能_____跟中国有关的工作。对我来说,汉语最难的是汉字。汉字_____信息,笔画也很多。听到的和写下来的_____,完全不像我的_____。有的字还特别_____,_____"我"和"找",我就花了不少时间才弄明白它们的_____。在我的努力下,_____地解决了汉字问题。可是又发现自己的发音_____,_____的。有一次我就把"你真棒"说成了"你真胖",让中国朋友_____,我特别_____。

Ⓑ

　　我是……才……的，我希望将来……。对……，汉语最难的是……。汉字……，……也很多。听到的和写下来的……，完全……。有的字……，比如……，我就……才……。在……下，终于……。可是……，洋腔洋调的。有一次……，让……，我特别……。

三、讨论。

学汉语时，马丁都遇到了什么问题？

四、活学活用。

你学汉语时遇到了哪些问题？完成表格后，模仿短文说一说。

方面	问　题
发音	
汉字	
生词	
语法	
听力	
口语	
……	

课文二 会话实践

一、根据对话内容回答问题。

1. 马丁平时都是怎么学习汉语的?
2. 他怎么学习词语?
3. 马丁认为怎么做才能提高口语能力?
4. 安娜为什么不敢跟中国人聊天?

二、分角色朗读对话。

三、根据提示复述。

Ⓐ 两人一组,根据提示复述课文。

安娜

○ 马丁,我_____一下,你_____怎么学习的?

○ _____吧,我才不信呢,这也太简单了。

○ 那你有学习_____的好办法吗?

○ 这个办法好,我要试试。

○ 那我可不_____。我一看到中国人就_____得说不出话来。

马丁

○ 上课_____注意力听讲_____。

○ 就这么简单。我们的老师都很有经验,知道_____是什么,留学生常出现的_____有哪些。认真听讲,_____没错。

○ 你把生词用_____简单又_____的句子记下来,准_____。

○ 还要多跟中国人聊天,在提高口语_____的_____还能了解中国人的想法。

○ 别_____啊。中国人那么_____,特别愿意跟外国人聊天呢。

B

　　安娜在……马丁……的方法。马丁建议安娜……，因为老师……，知道……，留学生……。所以他认为上课……。马丁还建议她把生词……，这样……。安娜一看到中国人就……，所以……。但是马丁告诉她跟中国人聊天……的同时……，而且中国人……，特别愿意……，所以不用……。

四、讨论。

马丁有哪些学习方法？

五、活学活用。

朋友向你请教学习汉语的方法，你给他什么建议？完成表格后，模仿课文说一个对话。

	学习方法
发音	
汉字	
生词	
语法	
听力	
口语	
……	

练 习

一、模仿例子，扩展下列词语。

选择	我选择学习汉语。→中学的时候，学校有很多外语课，我选择学习汉语。→中学的时候，学校有很多外语课，受妈妈的影响，我选择学习汉语。
从事	
终于	
能力	
紧张	

二、用下列生词和语言点，谈谈你对语言学习的看法。

生词　选择、错误、区别、尴尬、害羞

语言点　受……的影响、比如、既……又……、……的同时还/也……

三、采访一个同学，问问他/她在汉语学习时遇到的问题和解决方法，完成表格后介绍一下他/她的情况。

	问题	解决方法
发音		
汉字		
生词		
语法		
听力		
口语		
……		

四、说一说：你的母语和汉语有什么区别？你会建议大家怎么学习你的母语？

	汉语	我的母语
发音		
文字		
语法		
……		
我的建议		

拓 展

一、调查同学们学习外语的方法，介绍一个最适合你的方法并说明理由。

姓名	学习的语言	学习方法（至少两种）	适合你吗？	理由

二、根据本课学习的内容以及你调查的外语学习方法，设计一个调查问卷，采访五个中国人，看看中国人一般学哪些外语，适合他们的学习方法是什么……

2 压力山大

1.后悔、安慰
2.谈谈自己压力的来源
3.谈谈怎么缓解压力

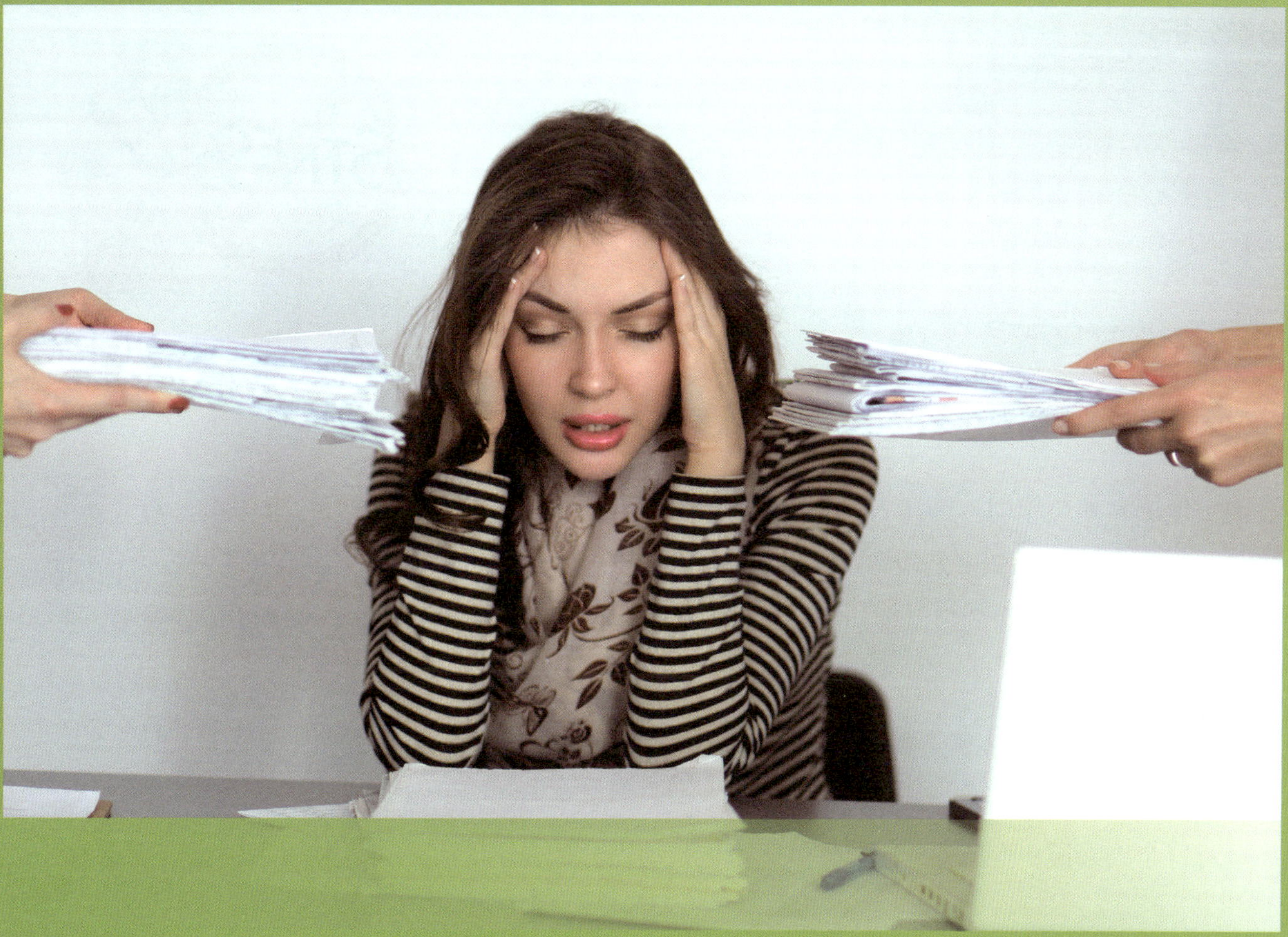

热身准备

压力自测：

1. 我_____又酸又累。
   A 经常——2分　　　　B 有时候——1分　　　　C 从不——0分

2. 我_____消化不好。
   A 经常——2分　　　　B 有时候——1分　　　　C 从不——0分

3. 我_____对自己说话。
   A 经常——2分　　　　B 有时候——1分　　　　C 从不——0分

4. 我_____对自己没有信心。
   A 经常——2分　　　　B 有时候——1分　　　　C 从不——0分

5. 我_____心情不好。
   A 经常——2分　　　　B 有时候——1分　　　　C 从不——0分

分数分析：

0~3分：几乎没有压力，压力影响不了你的生活。

4~7分：有一些压力，但有能力控制，需要注意放松。

8~10分：压力山大！压力正在影响你的生活和健康，记得多放松。

课文一 短文

　　一项调查显示中国人的压力全球第一，不少人常常抱怨压力山大。"压力山大"的发音跟人名"亚历山大[1]"相似，是用幽默的说法表示压力像山一样大。那么，中国人有哪些压力呢？

　　对学生来说，压力的根源就是升学，所以产生了"四多"——课程多、作业多、任务多、考试多。

　　对上班族[2]来说，就业、升职、加班等都是压力的来源。此外，女性还有生孩子、照顾家庭的压力。

　　对每个人来说，生活就是压力。但压力也是动力，是它让生活充满活力。

1. 项	xiàng	量 (measure word)	item	一~调查/任务
2. 调查	diàochá	名 (n.) /动 (v.)	investigation; to investigate	一项~；~情况
3. 显示	xiǎnshì	动 (v.)	to show; to display	调查~，~出来
4. 压力	yālì	名 (n.)	pressure	有~，~很大
5. 幽默	yōumò	形 (adj.)	humorous	很~
6. 表示	biǎoshì	动 (v.) /名 (n.)	to show; to express; expression	红灯~停，握手~友好；友好的~
7. 根源	gēnyuán	名 (n.)	source; root cause	压力的~
8. 升学	shēngxué	动 (v.)	to enter a higher school	~考试
9. 产生	chǎnshēng	动 (v.)	to cause; to generate	~影响/兴趣
10. 课程	kèchéng	名 (n.)	course; curriculum	~表/安排
11. 任务	rènwu	名 (n.)	task; assignment	~重，完成~
12. 就业	jiùyè	动 (v.)	to obtain employment; to get a job	大学生~
13. 来源	láiyuán	名 (n.) /动 (v.)	source; to be derived from	经济~；A~于B
14. 此外	cǐwài	连 (conj.)	besides	
15. 女性	nǚxìng	名 (n.)	woman	
16. 照顾	zhàogù	动 (v.)	to take care of	~病人
17. 动力	dònglì	名 (n.)	motivation	有~，失去~
18. 充满	chōngmǎn	动 (v.)	to be full of	~信心/希望
19. 活力	huólì	名 (n.)	vigor; energy	有~，失去~

注 释

1. 亚历山大（Alexander）：英文名。
2. 上班族（working class; employees）：受雇佣参加工作（通常是非体力劳动）并获得收入的人。

课文二 对话

（马丁来见老朋友白雪……）

马丁：最近忙什么呢？

白雪：公司把我派到分公司[1]当经理，工作内容多了，责任也大了。

马丁：升职啦？恭喜恭喜！

白雪：有什么值得恭喜的，压力山大呀。事儿又多又复杂，我总担心干不好。所以最近状态相当糟糕，常常失眠。

马丁：放轻松点儿，别给自己太大的压力。

白雪：我也知道应该调整自己的心态，可就是做不到。早知道是这样，我还不如放弃升职呢。

马丁：别说丧气话，世上无难事，只怕有心人[2]。我相信你的能力，再说，你要学会减压。拿我来说吧，一有压力就看球赛，特管用。

20. 内容	nèiróng	名 (n.)	content	~丰富
21. 责任	zérèn	名 (n.)	responsibility	~重大，有~，负~
22. 值得	zhídé	动 (v.)	to deserve	~高兴/一去/买/研究
23. 复杂	fùzá	形 (adj.)	complicated	情况/问题~
24. 状态	zhuàngtài	名 (n.)	status	心理/精神~
25. 失眠	shīmián	动 (v.)	to lose sleep	
26. 轻松	qīngsōng	形 (adj.)	relaxed	放~
27. 调整	tiáozhěng	动 (v.)	to adjust	~心态/目标/计划
28. 心态	xīntài	名 (n.)	mentality; psychology	~平静
29. 放弃	fàngqì	动 (v.)	to give up	~机会/升职
30. 丧气	sàngqì	形 (adj.)	demoralizing	~话
31. 相信	xiāngxìn	动 (v.)	to believe	~自己

注 释

1. 分公司（fēn gōngsī）（branch office）：一个公司的分支机构。

2. 世上无难事，只怕有心人（Shì shàng wú nán shì, zhǐ pà yǒu xīn rén.）（Nothing is impossible to a willing heart.）：只要肯下决心去做，世界上没有什么办不到的事情。

语言点讲练

一、"此外"

连词"此外"表示"除此以外",意思是除了前面说的还有别的,后面常用句子或段落。
The conjunction "此外" is used to indicate there is something besides what is previously mentioned, and is often followed by a sentence or a paragraph.

例:
1. 对上班族来说,就业、升职、加班等都是压力的来源。**此外**,女性还有生孩子、照顾家庭的压力。
2. 他会说法语和英语,**此外**还会说一点儿阿拉伯语。
3. 骑自行车上班既方便又环保,**此外**还能锻炼身体。

用"此外"回答问题。
1. 你有压力吗?压力的来源是什么?＿＿＿＿＿＿＿＿＿＿
2. 升职有什么好处?＿＿＿＿＿＿＿＿＿＿
3. 你为什么来中国留学?＿＿＿＿＿＿＿＿＿＿
4. 旅行的目的有哪些?＿＿＿＿＿＿＿＿＿＿

二、"值得"

动词"值得"的第一个意思是价格划算。

As a verb, "值得" primarily means something is cost-effective.

例：

1. 这件衣服打三折，只要九十块，**值得**买。

第二个意思是有好处、有意义，前面可用程度副词"很、相当"等，后面常加句子，否定形式是"不值得"。

Its secondary meaning is that something is beneficial or worthwhile. Adverbs of degree such as "很，相当" can be used before it, and a sentence often follows it. The negative form is "不值得".

例：

2. 他的建议**值得**讨论。
3. 为了吃一顿饭，跑那么远真**不值得**。

"有什么值得+v./adj.的"是用反问来表示否定，意思是"不值得v./adj."。

"有什么值得+v./adj.的" is used to indicate a negative meaning through a rhetorical question. It actually implies "不值得v./adj."

例：

4. （升职）有什么**值得**恭喜的，压力山大啊。
5. 一件小事有什么**值得**生气的？算了吧。

用"有什么值得+v./adj.的"完成句子。

1. 每个人都有压力，_____？
2. 一次小考试没考好，_____？
3. 他心里没有你，分手就分手吧，_____。
4. 这家饭店味道一般，_____。

三、"早知道A，还不如B"

"早知道A，还不如B"用一种虚拟的语气来表示说话人很后悔。A是现在不如意的情况，B是当初没有选择的其他情况。

"早知道A，还不如B" expresses the remorse of the speaker in a subjunctive mood. A refers to the unsatisfactory condition at present, while B refers to the alternative choice which should have been taken in the past.

例：
1. **早知道**是这样，我**还不如**放弃升职呢。
2. **早知道**开车堵车，咱们**还不如**坐地铁呢。
3. **早知道**这个电影这么无聊，我**还不如**把钱花在吃上。

用"早知道A，还不如B"写句子。
1. 奶茶（难喝）　　　　　　可乐
2. 火锅（辣）　　　　　　　披萨
3. 考试考了30分（糟糕）　　认真学习
4. 上课迟到　　　　　　　　早点起床

四、"……，再说，……"

连词"再说"用于更进一步说明原因，补充一个新的原因或理由。
The conjunction "再说" is used for further explanation, so that a new reason or argument is introduced.

例：
1. 我相信你的能力，**再说**，你要学会减压。
2. 有压力不要怕，要学会减压，**再说**，压力也是动力嘛。
3. 在中国留学可以很快地提高汉语水平，**再说**，你还可以亲身体验中国文化。

根据下面的情景，用"再说"说句子。
1. 同屋感冒了还想喝酒（喝酒对身体不好），你怎么劝他？
2. 明天要考试了，朋友约你去酒吧，你不喜欢去酒吧，怎么回答？
3. 朋友有很多名牌鞋，最近他没钱了，但还想买鞋，你怎么说？

五、"拿……来说"

"拿……来说"表示在说明了一个情况后，举一个具体的例子或者从某个方面进一步说明。
"拿……来说" can be used to introduce a specific example or explanation from a certain aspect after a situation is explained.

例：
1. 你要学会减压。**拿我来说**吧，一有压力就看球赛，特管用。
2. 每个人都有压力，**拿学生来说**吧，压力的根源就是升学。
3. 这个品牌的电脑质量很好，**拿我的这台来说**，用了十年都没出过毛病。

比较:"对……来说"后面是说话人的看法,"拿……来说"后面是例子或进一步的说明。
Comparison: "对……来说" is followed by the speaker's view, whereas "拿……来说" is followed by an example or further explanation.

例:

4. 对我来说,汉语最难的是汉字。就拿"我"和"找"来说吧,我花了不少时间才弄明白它们的区别。

用"拿……来说"完成句子。

1. 减压的方法有很多,_____。
2. 我们班这次考得都很好,_____。
3. 在中国生活很方便,_____。
4. 最近有很多好用的APP,_____。

课文一 会话实践

一、根据短文内容回答问题。

1. 中国人怎么抱怨压力大?
2. 学生们的"四多"是什么?
3. 上班族有什么压力?
4. 为什么说"压力也是动力"?

二、根据提示复述。

A 两人一组一问一答,根据提示复述课文。

○ 中国人的压力大吗?
○ "压力山大"是什么意思?

○ 学生有什么压力?上班族呢?

○ 压力有什么好处?

○ 一项_____中国人的_____全球第一。
○ "压力山大"的发音跟人名"亚历山大"相似,是用_____的说法表示压力像山一样大。
○ 对学生来说,压力的_____就是_____,所以_____了"四多"——_____多、作业多、_____多、考试多。对上班族来说,_____、升职、加班等是都压力的_____。_____,还有生孩子、_____家庭的压力。
○ 对每个人来说,生活就是压力。但压力也是_____,是它让生活_____。

B 一项调查显示……，不少人常常……。……跟……相似，是用……说法表示……。那么，中国人……呢？对……来说，压力的根源就是……，所以……。对……来说，……等都是压力的来源。此外，女性……。对……来说，生活就是压力。但压力……，让生活……。

三、讨论。

中国人有哪些压力？

四、活学活用。

1. 你有压力吗？你有什么压力？

   对……来说，压力的根源就是……，所以……。

   对……来说，……等都是压力的来源。

2. 调查同学们的压力来源并做汇报。

姓名	压力来源

课文二 会话实践

一、根据对话内容回答问题。

1. 白雪的工作最近有什么变化？
2. 白雪为什么觉得"压力山大"？
3. 马丁怎么安慰白雪？
4. 马丁有压力时做什么？

二、分角色朗读对话。

三、根据提示复述。

A 两人一组，根据提示复述课文。

马丁

- 最近_____呢？

- _____啦？恭喜恭喜！

- 放_____，别给自己太大的压力。

- 别说_____话，世上_____，只怕_____。我_____你的能力，再说，你要学会_____。_____吧，一有压力就看球赛，特管用。

白雪

- 公司把我派到_____当经理，_____多了，_____也大了。

- 有什么_____恭喜的，压力山大呀。事儿又多又_____，我总担心_____。所以最近_____相当糟糕，常常_____。

- 我也知道应该_____自己的_____，可就是_____。早知道是这样，我_____升职呢。

B 最近公司把白雪……，她的……多了，……也大了。虽然升职了，但是白雪觉得没什么……，因为。事儿……，她总担心……。所以最近她……，常常……。她也知道应该……，可就是……。所以她跟马丁说早知道……，还不如……。但是马丁让她放……，别给自己……，也别说……。因为……，……，他相信白雪……。马丁还告诉白雪要学会……。拿马丁自己来说，他一有压力就……，特……。

四、讨论。

升职的压力给白雪带来了哪些影响？

五、活学活用。

试着安慰一下你调查过的同学,并帮他们找到缓解压力的办法。

姓名	解决办法

一、模仿例子,扩展下列词语。

压力	最近我压力山大。→马上就要考试了,最近我压力山大。→马上就要考试了,考试的结果决定我能不能得到奖学金,所以最近我压力山大。
根源	
责任	
值得	
放弃	

二、用下列生词和语言点,谈谈怎么解决压力。

生词 放松、调整、心态、状态、放弃

语言点 值得、早知道……还不如……、再说

三、采访几个同学,了解一下他们文化中关于压力的说法,说说哪一个让你印象深刻。

姓名	国家	说法	什么意思	我的看法

四、头脑风暴：本课学了哪些话可以用来安慰压力山大的朋友？你还知道哪些？

我学的	我知道的
……	……

拓 展

一、小组讨论并报告：不同人压力的来源是什么？影响有哪些？怎么解决？

	压力的来源	压力的影响	解决方法
留学生			
设计师			
老师			
商人			
飞行员			
销售员			
……			

二、根据本课学习的内容以及你调查的情况，设计一个调查问卷并采访五个不同职业的中国人。问问他们：有什么压力？怎么缓解压力？也别忘了安慰一下他们哦。

	职业	有什么压力？	怎么缓解压力？
1.			
2.			
3.			
4.			
5.			

3 各有所好

1. 夸张、对比
2. 介绍自己的爱好
3. 评价"宅"文化

热身准备

1. 说一说：他们的爱好是什么？

2. 你有什么爱好？
3. 跟你有相同爱好的人多吗？
4. 你每周花在爱好上的时间有多长？
5. 你每个月花在爱好上的钱有多少？

课文一 短文

（马丁在课堂上介绍自己的爱好……）

我是个疯狂的足球迷。别说球队和球星的信息，就连技术和战术，我也都了如指掌。世界杯[1]和欧锦赛[2]期间，我是绝对不会错过任何一场比赛的。重要的比赛，哪怕时间再晚、门票再贵，我都要去现场为法国队加油。去不了现场的时候，我几乎每晚都约三五个朋友去酒吧，边喝啤酒边看球。进球时，我们就激动地大叫；失球时，我恨不得自己上场踢。我不但爱看球，而且爱踢球。一有空儿就去球场活动活动身体，出一身汗，什么烦恼都忘掉了。

1. 疯狂	fēngkuáng	形 (adj.)	crazy	为……~
2. 球星	qiúxīng	名 (n.)	soccer star	著名~
3. 战术	zhànshù	名 (n.)	tactics	
4. 了如指掌	liǎorúzhǐzhǎng		to know sth. like the palm of one's hand	对……
5. 期间	qījiān	名 (n.)	period; duration	春节/比赛/考试~
6. 绝对	juéduì	副 (adv.)	definitely	~正确/没错儿
7. 错过	cuòguò	动 (v.)	to miss	~机会
8. 任何	rènhé	代 (pron.)	any	~人/错误
9. 场	chǎng	量 (mw.)	the duration of ...	一~比赛/演唱会
10. 哪怕	nǎpà	连 (conj.)	even though; no matter how	~A也/都B
11. 现场	xiànchǎng	名 (n.)	scene; on the spot	比赛~，~参观，事故~
12. 几乎	jīhū	副 (adv.)	almost	~每天，~所有人
13. 激动	jīdòng	形 (adj.)	excited	心情~
14. 失球	shī qiú	动 (v.)	to fumble	
15. 恨不得	hènbude		one wishes one could ...	
16. 活动	huódòng	动 (v.) /名 (n.)	to exercise; activity; event	~身体；课外~
17. 出汗	chūhàn	动 (v.)	to sweat	出一身汗
18. 烦恼	fánnǎo	名 (n.) /形 (adj.)	trouble; worried	有~；让人~

注 释

1. 世界杯（FIFA World Cup）：国际足联世界杯。
2. 欧锦赛（European Football Championship）：欧洲足球锦标赛。

课文二 对话

（课间，保罗来找马丁……）

保罗：下课后有空儿吗？一起去健身吧。

马丁：你可真是个健身狂，昨天不是刚去过吗？

保罗：去练练肌肉、跑跑步，放松身心。再说了，生命在于运动嘛。

马丁：那也不能整天待在健身房里啊。这样下去，你怎么找得到女朋友啊！

保罗：怎么找不到？我的前女友可漂亮了。

马丁：哎呦，怎么没听你提过？骗人的吧。

保罗：她是个宅女，一天到晚就喜欢宅在家里。不是刷微博[1]、看朋友圈[2]，就是追剧、玩游戏。买东西都是网购，就连吃饭都叫外卖，根本不出门。

马丁：这也太夸张了。

保罗：所以我受不了，跟她分手了。以后我再也不找宅女了。

19. 狂	kuáng	名 (n.)	enthusiast	健身/购物/工作~
20. 肌肉	jīròu	名 (n.)	muscle	练~
21. 放松	fàngsōng	动 (v.)	to relax	~身心/肌肉
22. 生命	shēngmìng	名 (n.)	life	
23. 在于	zàiyú	动 (v.)	to lie in	
24. 整	zhěng	形 (adj.)	all; whole	~天/年/个
25. 待	dāi	动 (v.)	to stay	~在家
26. 骗	piàn	动 (v.)	to deceive	~人/钱
27. 宅	zhái	动 (v.) /形 (adj.)	to stay at home; home-bound	~在家；很~，~男，~女
28. 追	zhuī	动 (v.)	to pursue	~剧/星，~求
29. 游戏	yóuxì	名 (n.)	game	玩~
30. 根本	gēnběn	副 (adv.)	at all	~+否定
31. 夸张	kuāzhāng	形 (adj.)	exaggerated	太~
32. 分手	fēnshǒu	动 (v.)	to break up with	A跟B~

注 释

1. 微博（Wēibó）（Weibo）：一种中国流行的社交媒体。
2. 朋友圈（Péngyǒuquān）（Moments）：微信（Wechat）中的一个功能。

语言点讲练

一、"别说A，（就）连B也/都……"

让步复句"别说A，（就）连B也/都……"中"别说"的意思是"不用说"，"就连"表示假设，"也/都"后是结论或评论。通常会把A往低处说来突出B，或者用B来强调说明A。结论或评论适合A也适合B。

In the concessive complex sentence "别说A，（就）连B也/都……", "别说" means "不用说" (not to mention), "就连" denotes an assumption, and "也/都" introduces a conclusion or comment. In general, B can be highlighted by de-emphasizing A, or B can be used to emphasize A. The conclusion or comment applies to both A and B.

例：
1. **别说**球队和球星的信息，**就连**技术和战术，我**也**了如指掌。（"球队和球星的信息"为低级知识，"技术和战术"为高级知识。）
2. 她是个宅女，**别说**买东西**都**是网购，**就连**吃饭**都**叫外卖，根本不出门。（"网购"常见，"叫外卖"少见。）
3. 他汉语不好，**别说**写汉字了，**就连**读，他**都**读不好。（"写汉字"难，"读"容易，他连容易的都做不好。）

用"别说A，（就）连B也/都……"完成句子。

1. 没钱：买手机　　　吃饭
2. HSK6：外国人　　　中国人
3. 作业多：一个晚上　　　三天

二、"哪怕A，也/都B"

"哪怕A，也/都B"表示假设与让步，强调不变的结果，多用于口语。意思是即使没有发生A，也可以预见结果B。A是最极端的可能性，B是不变的结果或决定。常用"哪怕……再+adj."。

"哪怕A，也/都B" indicate an assumption and concession, and is often used in spoken language to emphasize the unchanged result. It means the result B can be predicted even if the situation A has not taken place. A refers to the most extreme possibility, while B refers to the unchanged result or decision. "哪怕……再+adj." is commonly used.

例：
1. 重要的比赛，哪怕时间再晚、门票再贵，我都要去现场为法国队加油。
2. 哪怕困难再多，我们也不能放弃。
3. 哪怕刮风下雨，我们也要按时出发。

根据下面的情景，用"哪怕A，也/都B"说句子。

1. 朋友觉得汉语很难，想放弃，你会怎么说？
2. 马丁是一个认真的学生，不睡觉也要把作业做完。
3. 朋友每天待在家里，你劝他运动运动。

三、"恨不得"

"恨不得"表示急切地希望做成某件事（常是做不到的事），后面常有所夸张。

"恨不得" indicates that sb. is eager to do sth. (often things that one has difficulty doing). What follows is often an exaggeration.

例：
1. （喜欢的球队）失球时，我恨不得自己上场踢。
2. 来中国一个月了，我太想父母了，恨不得现在就飞回国去。
3. 她是个宅女，恨不得一天到晚宅在家里。

根据下面的情景，用"恨不得"说句子。

1. 保罗是个健身狂，你怎么形容他？
2. 你把"你真棒"说成了"你真胖"，朋友哭笑不得，你怎么形容自己的尴尬？
3. 周末要考HSK了，你有很多内容没有复习，老师问你准备得怎么样了，你怎么回答？

四、"什么（n.）都……"

"什么（n.）都……"泛指所有的、全部。
"什么（n.）都……" refers to "the whole, all" in general.

例：
1.（我）一有空儿就去球场活动活动身体，出一身汗，**什么**烦恼**都**忘掉了。
2. 他喜欢看电影，爱情片、动作片……**什么都**看。

用"什么（n.）都……"改写句子。

1. 马丁喜欢看所有的运动比赛。
2. 保罗喜欢各种美食。
3. 林达不喜欢吃肉。

五、"再也不……了"

"再也不……了"表示动作不重复或不继续下去，语气很强，有"永远不"的意思。
"再也不……了" denotes that the action will not repeat or continue in a strong tone, and contains the meaning of "never again".

例：
1. 我受不了，跟她分手了。以后我**再也不**找宅女**了**。
2. 老师，对不起，我以后**再也不**迟到**了**。

根据下面的情景，用"再也不……了"说句子。

1. 你根据网上推荐，去一家餐厅用餐，可是那个餐厅一点儿也不好吃，还很贵。
2. 他是足球运动员，但受伤后，医生不让他踢球了。

课文一 会话实践

一、根据短文内容回答问题。

1. 马丁为什么说自己是个疯狂的足球迷？
2. 遇到重要的比赛，马丁怎么看球？
3. 喜欢的球队进球时，马丁有什么表现？失球时呢？
4. 马丁为什么喜欢踢球？

二、根据提示复述。

A 我是个＿＿＿＿＿＿的足球迷。别说球队和＿＿＿＿＿＿的信息，就连技术和＿＿＿＿＿＿，我也都＿＿＿＿＿＿。世界杯和欧锦赛＿＿＿＿＿＿，我是＿＿＿＿＿＿不会错过＿＿＿＿＿＿一场比赛的。重要的比赛，＿＿＿＿＿＿时间再晚、门票再贵，我都要去＿＿＿＿＿＿为法国队加油。去不了现场的时候，我＿＿＿＿＿＿每晚都约三五个朋友去酒吧，边喝啤酒边看球。进球时，我们就＿＿＿＿＿＿地大叫；＿＿＿＿＿＿时，我＿＿＿＿＿＿自己上场踢。我不但爱看球，而且爱踢球。一有空儿就去球场＿＿＿＿＿＿身体，出＿＿＿＿＿＿，什么＿＿＿＿＿＿都忘掉了。

B 我是个疯狂的……。别说……，就连……，我也都……。……期间，我是绝对不会……。重要的……，哪怕……，我都要……。……的时候，我几乎……，边……边……。……时，我们就……；……时，我恨不得……。我不但……，而且……。一有空儿就……，……都忘掉了。

三、讨论。

马丁热爱足球的表现有哪些？

四、活学活用。

你是个什么迷？模仿短文说一说。

课文二 会话实践

一、根据对话内容回答问题。

1. 马丁为什么说保罗是一个健身狂？
2. 保罗喜欢运动的理由是什么？
3. 保罗的前女友是个怎么样的女孩儿？
4. 保罗为什么跟前女友分手？

二、分角色朗读对话。

三、根据提示复述。

A 两人一组，根据提示复述课文。

保罗

○ 下课后有空儿吗？一起去_____吧。

○ 去_____、跑跑步，_____身心。再说了，_____运动嘛。

○ 怎么找不到？我的前女友可漂亮了。

○ 她是个_____，一天到晚就喜欢_____家里。不是刷微博、看朋友圈，就是_____剧、玩_____。买东西都是网购，就连吃饭都叫外卖，_____不出门。

○ 所以我_____，跟她_____了。以后我再也不找宅女了。

马丁

○ 你可真是个_____，昨天不是刚去过吗？

○ 那也不能_____健身房里啊。_____，你怎么找得到女朋友啊！

○ 哎呦，怎么没听你提过？_____的吧。

○ 这也太_____了。

B

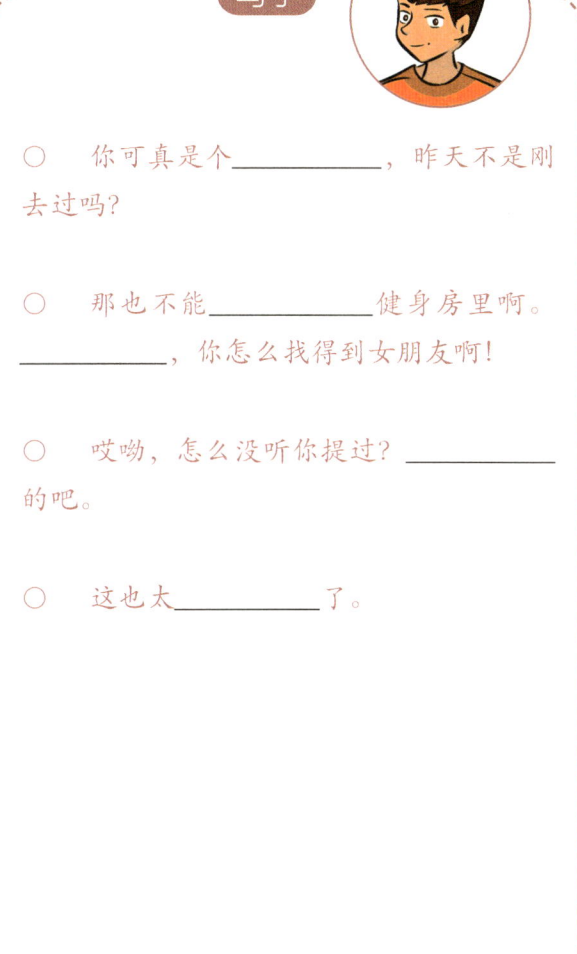

保罗是个……，差不多整天……。他觉得……可以放松……，而且生命……。但他的前女友是个……，一天到晚就喜欢……。不是……，就是……。买东西……，吃饭……，根本……。所以保罗……，跟她……。保罗以后……。马丁听他说了以后，也觉得太……了。

四、讨论。

"宅男""宅女"在家做哪些事？

五、活学活用。

采访几个同学，看看谁是"健身狂"、谁是"宅男""宅女"，问问他们平时做什么。完成表格后做个汇报。

健身狂		宅男/宅女	
姓名	做什么	姓名	做什么

练 习

一、模仿例子，扩展下列词语。

绝对	她没事儿绝对不出门。→她是一个宅女，没事儿绝对不出门。→她是一个宅女，吃饭叫外卖、买东西用淘宝，没事儿绝对不出门。
任何	
激动	
烦恼	
根本	

二、用下列生词和语言点，谈谈爱好的重要性。

生词　烦恼、放松、在于、绝对、几乎

语言点　哪怕、恨不得、什么都……

三、看看同学们都是什么迷，完成表格后选择一位介绍一下。

姓名	什么迷？	做过什么疯狂的事？

四、辩论："宅"在家里好不好？谈谈你的观点并至少说出五个理由，然后全班分两队辩论。

我的观点	
我的理由	1.
	2.
	3.
	4.
	5.

拓 展

一、调查同学中"宅男""宅女"的情况,完成表格后选择一位介绍一下。

姓名	"宅"在家的最长时间?	在家做什么?	为什么喜欢"宅"在家?	想不想改变?	想/不想改变的理由

二、头脑风暴:小组讨论怎么改变"宅"的习惯并做汇报。

三、根据本课学习的内容,设计一个调查问卷并采访十个以上不同年龄、性别的中国人,了解一下"宅男""宅女"的比例、"宅"的原因……

民以食为天

1. 介绍、推进话题
2. 了解中国的饮食文化
3. 介绍一道菜的做法

热身准备

1. 你吃过什么好吃的中国菜？
2. 那道菜味道怎么样？
3. 是用什么材料做的？是什么形状的？
4. 下面这些中国菜的做法，你知道几种？

课文一 短文

"吃"是中国文化的重要部分。有句俗话叫做"民以食为天"，意思是老百姓把吃饭看成天大的事。

由于中国地大物博，各地的饮食习惯也不同，因此中国有很多菜系。

中国菜讲究色、香、味俱全，意思是一道菜要看起来好看，闻起来很香，吃起来更是美味。

中国菜的材料多种多样，还讲究充分利用各种食材。

中国菜味道也丰富。有时候一道菜有两种味道，例如酸辣土豆丝。

中国菜的做法千变万化，常见的是炒。一般是一素炒一荤，比如西红柿炒鸡蛋。

1. 部分	bùfen	名 (n.)	part	一/这/小/大~
2. 俗话	súhuà	名 (n.)	popular saying	~说，一句~
3. 老百姓	lǎobǎixìng	名 (n.)	ordinary people	

4. 由于	yóuyú	连 (conj.)	because	
5. 地大物博	dìdà-wùbó		vast territory and abundant resources	
6. 饮食	yǐnshí	名 (n.)	cuisine	~文化/习惯
7. 因此	yīncǐ	连 (conj.)	therefore	
8. 菜系	càixì	名 (n.)	style of cooking	八大~，特色~
9. 讲究	jiǎngjiū	动 (v.)	to be particular about	~吃穿，~品质
10. 俱全	jùquán	形 (adj.)	complete in all varieties	色香味~
11. 闻	wén	动 (v.)	to smell	~起来/到/不到
12. 美味	měiwèi	形 (adj.)	delicious	
13. 材料	cáiliào	名 (n.)	material	一种~
14. 样	yàng	量 (mw.)	kind; type	多种多~
15. 充分	chōngfèn	形 (adj.)	adequate	~利用，准备~
16. 利用	lìyòng	动 (v.)	to utilize	互相~
17. 例如	lìrú	动 (v.)	for instance; for example	
18. 土豆	tǔdòu	名 (n.)	potato	
19. 丝	sī	名 (n.)	slice	
20. 千变万化	qiānbiàn-wànhuà		ever-changing	做法/气候~
21. 西红柿	xīhóngshì	名 (n.)	tomato	

课文二 对话

（马丁想学做中国菜，白雪在教他……）

白雪：今天我教你做道家常菜"西红柿炒鸡蛋"。先把西红柿切成小块儿，再把香葱切成葱花。

马丁：好的。……切好了，接着呢？

白雪：鸡蛋加盐用筷子打散，锅里倒点油，再把鸡蛋倒进去炒一炒。

马丁：搞定了。然后呢？

白雪：把炒好的鸡蛋盛出来，再倒油，把切好的西红柿放进锅里炒熟。

马丁：接下来呢？

白雪：把炒蛋放进去。

马丁：现在呢？加酱油吗？

白雪：不用放酱油，不然颜色不好看。不过可以加点儿糖，酸酸甜甜更好吃。……好了，关火吧，可以盛出来了。

马丁：快把盘子递给我。

白雪：给你。撒上葱花，这样就色香味俱全了。

22. 家常	jiācháng	名 (n.)	home style	~菜
23. 香葱	xiāngcōng	名 (n.)	green onion	
24. 切	qiē	动 (v.)	to cut	~丝/块
25. 块儿	kuàir	名 (n.)	piece	小~
26. 接着	jiē zhe	动 (v.)	to follow; to go on	~说/做
27. 打散	dǎ sàn	动 (v.)	to whisk (an egg)	把鸡蛋~
28. 锅	guō	名 (n.)	wok; pan	一口~
29. 搞定	gǎodìng	动 (v.)	to work out	~了
30. 盛	chéng	动 (v.)	to fill	~菜/出来
31. 酱油	jiàngyóu	名 (n.)	soy sauce	
32. 不然	bùrán	连 (conj.)	otherwise	
33. 递	dì	动 (v.)	to pass	~给我，~过来
34. 撒	sǎ	动 (v.)	to scatter; to spread	~上

语言点讲练

一、"由于"

连词"由于"表示原因,用于前一小句开头,后一小句开头多用"所以、因此"等,用于书面。

The conjunction "由于", used to introduce a reason, appears at the beginning of the first clause, while the second clause often begins with "所以" or "因此". "由于" is used in written language.

例:
1. **由于**中国地大物博,各地的饮食习惯也不同,因此中国有很多菜系。
2. **由于**他工作成绩优秀,所以得到了经理的表扬。
3. **由于**大家的想法不同,因此这件事该怎么办到现在还没决定。

"因为"多用于口语,后面不能用"因此",且可用在后一小句。

"因为" can be used in spoken language and cannot be followed by "因此". It can be used in the second clause.

例:
4. 我不想去,**因为**没有时间。

> 下面的句子对吗?如果不对,请改正。

1. 他因为不好好学习,因此考得不好。
2. 因为汉字较难,因此留学生需要花较长时间练习汉字。
3. 昨天我没有来上课,由于生病了。

二、"比如"和"例如"

动词"比如"和"例如"用于举例,表示后面的是例子。
The verbs "比如" and "例如" are used to introduce an example.

例:
1. 我们班的学生都很努力,**比如/例如**马丁、保罗等等。
2. 在中国生活很方便,**比如/例如**可以用微信、支付宝付钱。

口语中多用"比如",后面可以加"说"。
"比如" is often used in spoken language and can be followed by "说".

例:
3. 杰克很马虎,**比如**(说)今天上课他就没带书。

"比如"可引出比喻来说明前面的观点。

"比如" can introduce a metaphor to support a view mentioned previously.

例：

4. 一个人长大了就应该独立，**比如**小鸟长大了就要学会自己飞。

用"比如/例如"回答问题。

1. 你吃过什么中国菜？
2. 你去过哪些国家？
3. 你会什么语言？
4. 你有什么爱好？

三、"因此"

连词"因此"的意思是"因为这个"，表示结果或结论，只能用于第二个小句中。

The conjunction "因此" means "because of this". It indicates a result or a conclusion, and can only be used in the second clause.

例：

1. 由于做了很多准备，**因此**这次考试他考得很好。
2. 我跟她是老朋友，**因此**很了解她。
3. 虽然我们队又输了，但是不能**因此**失去信心。

"所以"与"因此"同义，但可以用在前一小句。

"所以" is synonymous with "因此", but can be used in the first clause.

4. 他之所以能取得成功，是因为他一直努力不放弃。

用"因此"完成句子。

1. 她特别想家，_____。
2. 由于他常常加班，没时间运动，_____。
3. 来中国后，她常常叫外卖，_____。

四、"不然"

连词"不然"表示如果不是上面说的情况，就可能发生"不然"后面的情况。后面可以是结果或结论。

The conjunction "不然" means that if the situation before it does not happen, then the situation after it will happen. "不然" can be followed by a result or a conclusion.

例：
1. 快走吧，不然就迟到了。
2. 你快给你妈妈打个电话，不然她该担心了。
3. 你好好学习，不然拿不到奖学金。

"不然"也可以表示和前面不同的选择，后面常有"就"。
"不然" can indicate an option different from the previous ones and is often followed by "就".

例：
4. 我晚上听听音乐、看看电影，不然就看看书。
5. 王经理现在不在这儿，你去办公室看看，不然就去会议室看看。

用"不然"完成句子。
1. 你快点儿告诉我，不然_____。
2. 晚上我常常复习生词、复习课文，不然_____。
3. 天冷了，你还是多穿点儿衣服吧，不然_____。
4. 他不知道的话，你去问问林达，不然_____。

课文一 会话实践

一、根据短文的内容回答问题。

1. "民以食为天"是什么意思？
2. "色、香、味俱全"是什么意思？
3. 中国菜的味道怎么样？
4. 中国菜常见的做法是什么？

二、根据提示复述。

Ⓐ 两人一组一问一答，根据提示复述课文。

○ 关于吃，中国一句有什么俗话？这句话是什么意思？	○ "吃"是中国文化的重要＿＿＿＿。有句＿＿＿＿叫做"＿＿＿＿"，意思是＿＿＿＿把吃饭看成天大的事。
○ 中国各地的饮食习惯一样吗？	○ ＿＿＿＿中国＿＿＿＿，各地的＿＿＿＿习惯也不同，＿＿＿＿中国有很多＿＿＿＿。
○ 中国菜有什么讲究？	○ 中国菜＿＿＿＿色、香、味＿＿＿＿，意思是一道菜要看起来好看，＿＿＿＿很香，吃起来更是＿＿＿＿。
○ 中国菜常见的食材有什么？	○ 中国菜的＿＿＿＿多种＿＿＿＿，还讲究＿＿＿＿各种食材。
○ 中国菜常是什么味道的？	○ 中国菜味道也＿＿＿＿。有时候一道菜有两种味道，例如酸辣＿＿＿＿。
○ 中国菜有什么做法？	○ 中国菜的做法＿＿＿＿，常见的是＿＿＿＿。一般是一素炒一荤，比如＿＿＿＿炒鸡蛋。

B

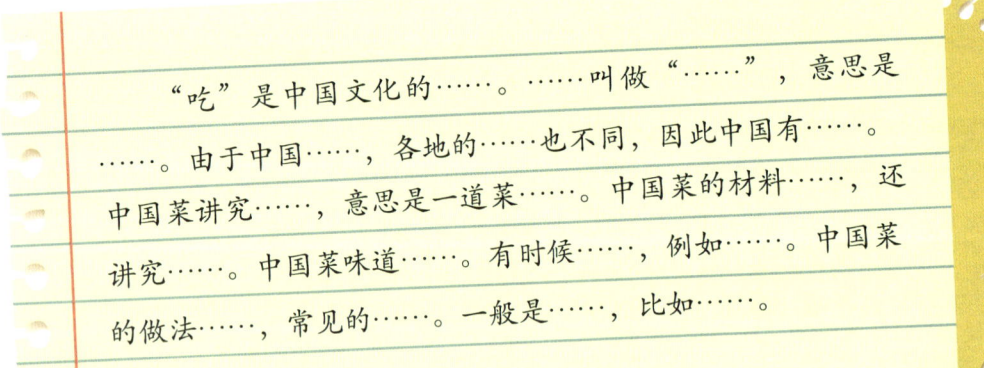

"吃"是中国文化的……。……叫做"……"，意思是……。由于中国……，各地的……也不同，因此中国有……。中国菜讲究……，意思是一道菜……。中国菜的材料……，还讲究……。中国菜味道……。有时候……，例如……。中国菜的做法……，常见的……。一般是……，比如……。

三、讨论。

中国菜有哪些特点？

四、活学活用。

模仿短文介绍一下你的国家有什么特色菜。

课文二 会话实践

一、根据对话的内容回答问题。

1. 西红柿炒鸡蛋需要什么材料?
2. 怎么处理西红柿?
3. 怎么处理鸡蛋?
4. 需要加酱油吗?为什么?

二、分角色朗读对话。

三、根据提示复述。

两人一组,根据提示复述课文。

 白雪

○ 今天我教你做道_____"西红柿炒鸡蛋"。先把西红柿切成_____,再把香葱_____葱花。

○ 鸡蛋加盐用筷子_____,_____倒点油,再把鸡蛋倒进去炒一炒。

○ 把炒好的鸡蛋_____,再倒油,把切好的西红柿放进锅里炒熟。

○ 把炒蛋放进去。

○ 不用放酱油,_____颜色不好看。不过可以加点儿糖,_____更好吃。……好了,关火吧,可以_____了。

○ 给你。_____葱花,这样就色香味俱全了。

 马丁

○ 好的。……切好了,_____?

○ _____了。然后呢?

○ _____呢?

○ 现在呢?加酱油吗?

○ 快把盘子_____我。

四、根据课文二排列图片并完成菜谱。

A　　　　　B　　　　　C　　　　　D　　　　　E　　　　　F

西红柿炒鸡蛋

材料：

做法：

味道：

难度：容易

时间：10分钟

步骤：

第一步：先把番茄_____，再把香葱_____。

第二步：鸡蛋加盐_____，锅里_____，再把鸡蛋_____。

第三步：把_____盛出来，再倒油，把_____。

第四步：把炒好的鸡蛋_____。

第五步：加糖，关火后_____，_____切好的葱花。

五、活学活用。

介绍一道你们国家的菜。完成菜谱后，教教同学们怎么做这道菜。

菜名：

材料：

做法：

味道：

难度：

时间：　　分钟

步骤：

第一步：

第二步：

第三步：

第四步：

第五步：

练 习

一、模仿例子，扩展下列词语。

讲究	婚礼上有很多讲究。→中国人的婚礼上有很多讲究。→中国人的婚礼上有很多讲究，比如要把红双喜字贴在门上和窗上。
部分	
充分	
利用	
递	

二、用下列生词和语言点，谈谈你们国家饮食的讲究。

生词　　饮食、菜系、俱全、美味、利用

语言点　由于、因此、不然

三、调查：同学们都喜欢吃哪道中国菜？为什么喜欢呢？

姓名	菜名	材料	口味	喜欢的原因

四、对话：根据下面的菜谱，和搭档说一个对话。

糖醋鸡丁

材料：两根鸡腿、洋葱、胡萝卜、青椒、淀粉（starch）、一勺番茄酱（ketchup）、一勺醋、一勺糖、两勺水、盐

做法：炸

味道：酸甜

难度：难

时间：30分钟

步骤：

第一步：把鸡腿洗净，去骨切成块，撒上盐。

第二步：把洋葱、胡萝卜和青椒切成丁。

第三步：给鸡块撒上淀粉，放进油锅炸成金黄色，盛到盘子里备用。

第四步：在锅里倒一点油，先加番茄酱炒一炒，再把洋葱、胡萝卜和青椒放进锅里去炒一炒。

第五步：把糖、醋、水倒进锅里，开小火煮1-2分钟。

第六步：把炸好的鸡块倒入糖醋汁（sauce）里炒一下，出锅。

拓 展

一、调查各国菜的特点、材料、味道和做法等。

国家	特点	常见的材料	味道	做法	讲究	……

二、根据本课学习的内容，设计一个调查问卷并采访五个来自不同地方的中国人，了解一下他们的家乡菜有什么特点，味道怎么样，特色菜是什么，怎么做……

5 游遍中国

1. 列举、建议
2. 了解中国的风景名胜
3. 给他人推荐旅行路线与方式

热身准备

1. 你在中国旅行过吗？都去过哪儿？
2. 可以给同学们推荐一个你去过的地方吗？说说推荐理由。
3. 下面这些地方，你去过吗？它们以什么闻名？

课文一 短文

（马丁在看旅游达人的微博……）

中国有很多著名的城市和景点，我就几乎游遍了整个中国。作为一个中国通[1]，我的建议是：如果你想欣赏自然风光，可以去黄山感受一下清新的空气和优美的环境。如果你喜欢现代的都市生活，那就去上海吧，"魔都"有让你快乐的魔法。如果你想享受阳光和沙滩，那绝对不能错过三亚，你还可以潜水看看美丽的海底世界。如果你对中国的历史和文化感兴趣，同时又是个吃货[2]，那就去古城西安逛逛吧，那里不仅有名胜古迹[3]，还有数不清的特色小吃……

1. 达人	dárén	名 (n.)	expert; talent	旅游/时尚~
2. 著名	zhùmíng	形 (adj.)	famous	~的
3. 遍	biàn	动 (v.)	all over; all around	玩/吃/游~
4. 作为	zuòwéi	介 (prep.)	as	~学生/中国通
5. 欣赏	xīnshǎng	动 (v.)	to appreciate	~风景/音乐

6. 自然	zìrán	名 (n.)	nature	~风光
7. 风光	fēngguāng	名 (n.)	scenery	自然~，~好
8. 感受	gǎnshòu	动 (v.) /名 (n.)	to feel; feeling	~到；留学~
9. 清新	qīngxīn	形 (adj.)	fresh	~的空气
10. 空气	kōngqì	名 (n.)	air	
11. 都市	dūshì	名 (n.)	metropolis; city	
12. 魔法	mófǎ	名 (n.)	magic	
13. 享受	xiǎngshòu	动 (v.)	to enjoy	~生活
14. 阳光	yángguāng	名 (n.)	sunshine	
15. 沙滩	shātān	名 (n.)	beach	
16. 潜水	qiánshuǐ	动 (v.)	to go under water; to dive	
17. 底	dǐ	名 (n.)	bottom	海/车/脚~
18. 不仅	bùjǐn	连 (conj.)	not only...	~……而且/还……
19. 数	shǔ	动 (v.)	to count	~数/钱，~不清

注 释

1. 中国通（Zhōngguó tōng）（a person who knows China well）：非常了解中国的（外国）人。
2. 吃货（chī huò）（gourmet）：一种幽默说法，指对饮食要求很高的人。
3. 名胜古迹（míngshèng-gǔjī）（places of historic interest and scenic beauty）：风景优美或有古文物遗迹的地方。

课文二 对话

（马丁要去西安，他在网上查旅行信息……）

马丁：你看看这条路线怎么样？

白雪：可以是可以，但是安排得太满了，玩得过来吗？

马丁：确实满，比起走马观花¹式的旅游，我更喜欢深度游。

白雪：那你打算跟团游还是自助游？

马丁：我喜欢自助游。自己设计路线，安排旅途中的一切，想怎么玩就怎么玩。

白雪：现在是旺季，机票和酒店比较难订。你不妨选择自由行。

马丁：自由行是什么？难道自助游不自由吗？

白雪：自由行现在很流行。就是旅行社安排宾馆和交通，其他行程你自己定。这样既自由又省心。

马丁：嗯，这个主意好！很符合我对自由的要求。

20. 安排	ānpái	动（v.）/名（n.）	to arrange; arrangement	~工作/生活；根据~
21. 式	shì	名（n.）	style	男/女/新~
22. 深度	shēndù	形（adj.）	deep	~游/认识
23. 自助	zìzhù	动（v.）	to go on self-service	~游/餐
24. 设计	shèjì	动（v.）/名（n.）	to design; design	~路线/活动/师；一项~
25. 不妨	bùfáng	副（adv.）	(might) as well	
26. 流行	liúxíng	形（adj.）	popular	~歌曲
27. 行程	xíngchéng	名（n.）	travel schedule	~安排，~计划
28. 省心	shěngxīn	形（adj.）	saving trouble	
29. 符合	fúhé	动（v.）	to accord with	~要求/标准

注 释

1. 走马观花 zǒumǎ-guānhuā（to take a brief look at something）：指粗略地观察一下。

语言点讲练

一、"不仅……而且/还……"

"不仅"的意思是"不但",后面常有"是"。多用于书面语。

"不仅" means "不但" and is often followed by "是". It is used in written language.

例:
1. 西安**不仅**有名胜古迹,**还**有数不清的特色小吃。
2. 我**不仅**爱看球,**而且**爱踢球。

也常说"不仅仅"。

"不仅" can often be used as "不仅仅".

例:
3. 认真学习,**不仅(仅)**是为了通过考试,**也**是为了提高个人能力。

> 用"不仅……而且/还……"完成句子。
> 1. 北京:中国的首都　　世界历史文化名城
> 2. 安娜:顺利通过了HSK考试　　在中国找到了工作
> 3. 周末远足:欣赏美丽风光　　开心地享用野餐

二、"A是A"

"A是A"加表示转折的句子,表示让步,有"虽然"的意思,语气较委婉。后面常有"但是、可是、不过、就是"等词。

"A是A" followed by an adversative clause indicates a concession and actually means "虽然" in a mild tone. Words like "但是,可是,不过,就是" often follow.

例:
1. (这条路线)**可以是可以**,但是安排得太满了,玩不过来。
2. 苹果手机我**喜欢是喜欢**,就是价钱太贵了,不划算。
3. 咱们两个**朋友是朋友**,但是有的事儿你做得不对,我也要说。

"A是A"还有其他用法。如"A是A,B是B"强调两者不一样,不能放在一起说。

There are other usage of "A是A". For example, "A是A,B是B" puts stress on the fact that A and B are different and cannot be put together.

例：
4. 你是你，我是我，咱们各走各的路，谁也别管谁。

> 根据下面的情景，用"A是A，但是/可是/不过/就是……"说句子。
> 1. 朋友约你去酒吧，但是明天早上有课，你怎么拒绝他？
> 2. 跟团游可以玩很多地方，朋友想去，但是你不喜欢走马观花，你怎么说？
> 3. 朋友想约你吃四川菜，但是你不能吃辣，怎么拒绝他？

三、"比起……（来）"

"比起……（来）"的意思是"和……比"，必须加宾语，口语常用。

"比起……（来）" is equal to "和……比". It must be followed by an object and is commonly used in oral language.

例：
1. **比起**走马观花式的旅游，我更喜欢深度游。
2. **比起**跟团游，还是自由行更适合我。
3. **比起**牛奶来，我还是更喜欢酸奶。

> 请用"比起……（来）"说一说。
> 1. 旅行vs宅在家
> 2. 市区房价vs郊区房价
> 3. 狗vs猫

四、"V.+得/不过来"

"V.+得/不过来"强调因受时间、空间、数量、能力等条件的限制而能/不能让人满意地完成。宾语常放在该结构前，常用"V.+不过来"及"V.+得过来吗？"。

"V.+得/不过来" indicates whether something can be satisfactorily accomplished under such constraints as time, space, quantity and capability. An object often comes before the structure, in which case "V.+不过来" and "V.+得过来吗？" are commonly used.

例：
1. （这条线路）可以是可以，但是安排得太满了，**玩得过来吗**？（受到数量和时间的限制）
2. 你借了这么多中文书，**看得过来吗**？（受到数量和能力的限制）
3. 家里来了很多客人，妈妈都**照顾不过来**了。（受到数量和能力的限制）

形容词"忙"也常用于此结构。
The adjective "忙" is also used in this structure.

例：
4. 最近她的工作太多了，根本**忙**不过来。（受到数量与能力的限制）

用"V.+得/不过来"完成句子。
1. 图书室只有一个管理员，这么多图书根本_____。（管）
2. 小时候我喜欢数星星，可是星星根本_____。（数）
3. 迪士尼乐园里有很多好玩的地方，一天_____，我建议你去两天。（玩）

五、"不妨"

副词"不妨"表示"可以这样做"，后面常加建议性的短语或重叠的动词。
The adverb "不妨" indicates that something is worth a try. It is often followed by an advisory phrase or a reduplicative verb.

例：
1. 现在是旺季，机票和酒店比较难订。你**不妨**选择自由行。
2. 这个电影相当不错，你有空儿的话**不妨**看看，一定不会让你失望。
3. 你有困难的话，**不妨**对他直说，他一定会帮助你的。

"短语/重叠的动词+也不妨"也常用。
The structure "phrase/reduplicative verb+也不妨" is also commonly used.

例：
4. 你不同意的话，说出来**也不妨**。
5. 你跟他说说这件事**也不妨**，好让他有个准备。

用"不妨"完成句子。
1. 坐地铁去迪士尼乐园时间太久了，_____。
2. 我这儿有点儿感冒药，你要是真的不舒服，_____。
3. 我们是朋友，有什么不高兴的，_____。

课文一 会话实践

一、根据短文的内容回答问题。

1. 喜欢黄山的人，可能喜欢什么样的景点？
2. 喜欢上海的人，可能喜欢什么样的景点？
3. 在三亚，人们可以做些什么？
4. 西安有什么特色？

二、根据提示复述。

A 两人一组一问一答，根据提示复述课文。

○ 你在中国旅行过吗？	○ 中国有很多_____的城市和景点，我_____了整个中国，可以说是一个_____了。
○ 去哪儿可以欣赏到自然风光？	○ 如果你想_____，可以去黄山_____一下_____和优美的环境。
○ 哪个现代城市值得去？	○ 如果你喜欢_____生活，那就去上海吧，"魔都"有让你快乐的_____。
○ 有没有海边景点？	○ 如果你想_____，那绝对不能错过三亚，你还可以_____看看美丽的_____。
○ 有什么历史文化名城吗？	○ 如果你对中国的历史和文化感兴趣，同时又是个_____，那就去古城西安逛逛吧，那里_____有名胜古迹，还有_____的特色小吃……

B ……有很多……城市和景点，我就几乎……。作为一个……，我的建议是：如果你想欣赏自然……，可以去……。如果你喜欢现代……，那就去……吧，……有让你快乐的魔法。如果你想享受阳光……，那绝对……，你还可以……。如果你对……的历史……，同时又……，那就去……吧，那里不仅有……，还有……。

三、讨论。

中国有哪些值得去的景点和城市？

四、活学活用。

模仿短文介绍一下你的国家的城市和景点。

课文二 会话实践

一、根据对话的内容回答问题。

1. 马丁看的路线好不好？为什么？
2. 马丁喜欢什么样的旅行？
3. 白雪建议马丁怎么去西安旅行？为什么？
4. 自由行是一种怎么样的旅行？

二、分角色朗读对话。

三、根据提示复述。

Ⓐ 两人一组，根据提示复述课文。

 马丁

○ 你看看这条_____怎么样？

○ 确实满，比起_____的旅游，我更喜欢_____游。

○ 我喜欢自助游。自己_____路线，安排_____的一切，想怎么玩就怎么玩。

○ 自由行是什么？_____自助游不自由吗？

○ 嗯，这个主意好！很_____我对自由的要求。

 白雪

○ 可以是可以，但是_____得太满了，_____吗？

○ 那你打算跟团游还是_____？

○ 现在是_____，机票和酒店比较难订。你_____选择自由行。

○ 自由行现在很_____。就是旅行社安排宾馆和交通，其他_____你自己定。这样既自由又_____。

Ⓑ

　　马丁打算……，他在网上看到了一条……，来问白雪的意见。白雪觉得这条路线……，但是……，可能……。马丁觉得她说得对，因为比起……，马丁更……。马丁喜欢自己……，安排……，想……就……的自助游。但是现在是……，……比较难订，白雪建议他……。自由行就是旅行社……，……自己定，这样既……又……，所以现在很……。马丁听了以后也觉得自由行……。

四、讨论。

旅行的方式有哪些？分别有什么特点？

方式	意思	特点
例：跟团游	跟着旅行团去旅游	1. 有导游介绍景点 2. ……

五、活学活用。

朋友打算参加一个旅行团，用七天逛完你的国家所有著名景点。模仿课文，给他点建议。

一、模仿例子，扩展下列词语。

欣赏	我喜欢欣赏音乐。→压力大的时候，我喜欢欣赏音乐。→压力大的时候，我喜欢欣赏经典音乐，这样会让我身心放松。
享受	
安排	
流行	
省心	

二、用下列生词和语言点，谈谈你喜欢什么样的旅行。

生词　著名、感受、错过、安排、设计

语言点　不仅……而且……、比起……、不妨

三、你在中国旅行过吗？去过哪儿？完成表格并介绍一下。

名称					
地址					
特点					
景点					
特色菜/特色小吃					
推荐/不推荐的原因					

四、头脑风暴：分小组讨论各种旅行方式的优缺点并汇报。

方式	优点	缺点
跟团游		
自助游		
自由行		
深度游		
……		

一、请设计一条七天时间的旅游路线（可以介绍你的国家的著名景点或风土人情），给同学们讲解一下并说明你设计的原因（提示：怎么去、玩什么、看什么、有什么景点、为什么选择这个景点……）。

第一天	
第二天	
第三天	
第四天	
第五天	
第六天	
第七天	

二、听完同学们的介绍后，说说你最想去哪个国家旅行？为什么？

三、根据本课学习的内容以及你设计的路线，设计一个调查问卷并采访五个中国人，了解一下他们在哪些地方旅行过，请他们推荐一个地方，并问问他们对你的路线有没有兴趣、为什么……

6 健康的生活习惯

1.解释、赞同
2.了解“亚健康”的知识
3.谈论健康的生活习惯是什么

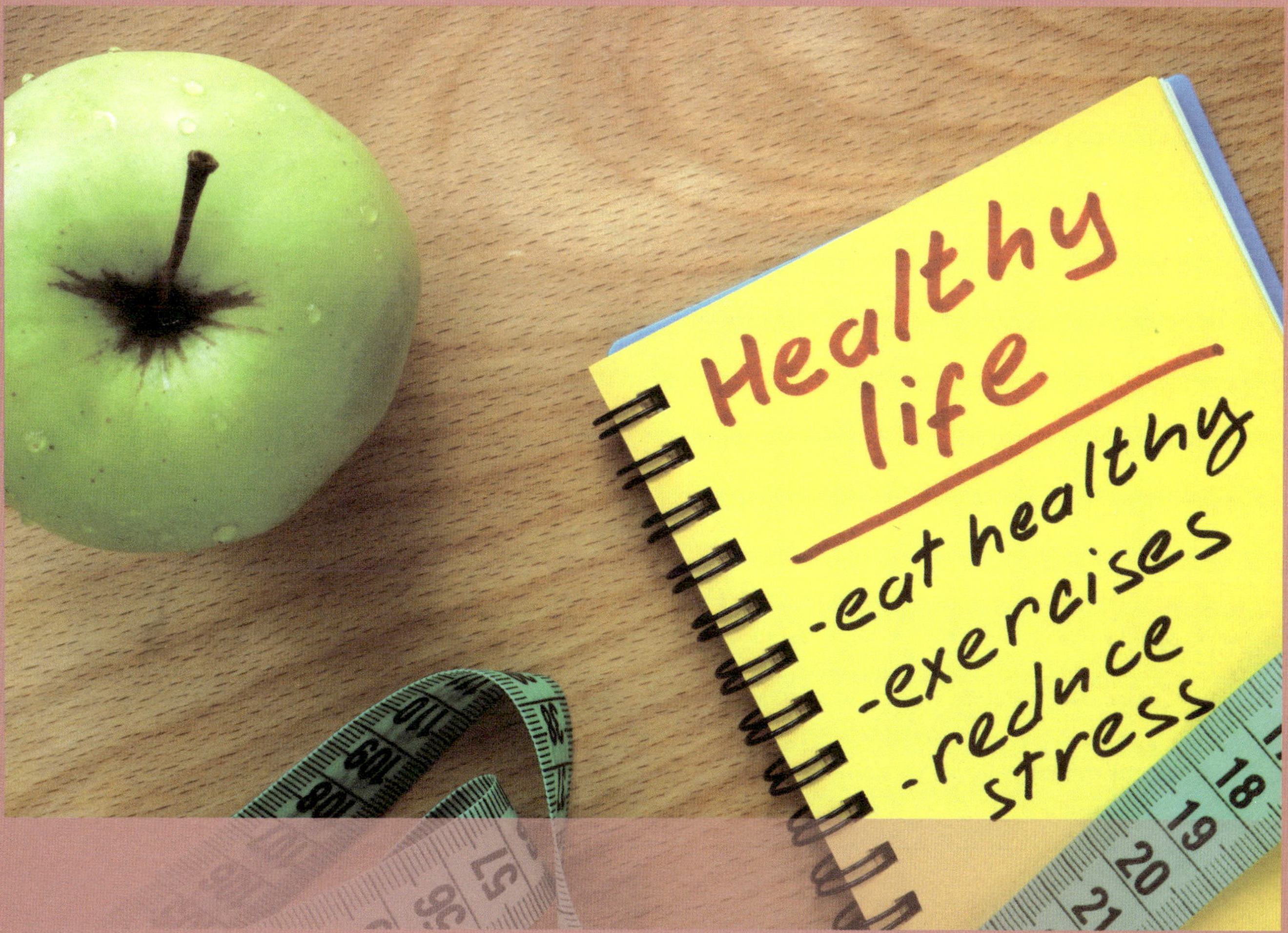

热身准备

亚健康自测（是——1分，不是——0分）：

1. 经常感到累
2. 经常感冒
3. 经常失眠
4. 没精神
5. 眼睛看得没以前清楚
6. 很难适应新变化
7. 牙疼，有时候流血
8. 掉头发、有白头发、头发油腻或者很干
9. 皮肤（pífū）（skin）变差
10. 体重增加

分数分析：

0~3分：你的身体还不错，有时候会有点累，多休息就行了。

4~7分：你马上就是亚健康了，应该马上找到原因，改正不好的生活习惯。

8~10分：你已经亚健康了，建议立刻去医院体检，还要注意早睡早起、少吃辣、多喝水。

课文一 短文

（马丁在看视频……）

"没生病不等于健康"，换句话说就是尽管暂时没病，但存在影响健康的因素，稍微不注意就会生病，这就是亚健康。

亚健康是由哪些原因引起的呢？一些人由于工作、学习的压力，习惯开夜车，他们的精神往往高度紧张；还有一些人，辛苦了一天后，舍不得早早休息，总是熬夜，养成了不好的生活习惯……长期生活不规律、缺少运动、睡眠不够，所以身体越来越糟糕，甚至还出现头晕、全身酸痛的情况。总之，不好的生活习惯会引起亚健康。

1.	等于	děngyú	动（v.）	to be equal to	
2.	尽管	jǐnguǎn	连（conj.）	although	~……但是/可是/仍然……
3.	存在	cúnzài	动（v.）/名（n.）	to exist; existence	~问题/困难

4. 因素	yīnsù	名 (n.)	factor	一个~
5. 稍微	shāowēi	副 (adv.)	slightly	~走两步/不注意
6. 亚健康	yàjiànkāng	名 (n.)	sub-health	
7. 原因	yuányīn	名 (n.)	cause	一个重要的~
8. 由……引起	yóu...yǐnqǐ	动 (v.)	to be caused by...	
9. 开夜车	kāiyèchē	动 (v.)	to burn the midnight oil	
10. 往往	wǎngwǎng	副 (adv.)	often	
11. 熬夜	áoyè	动 (v.)	to stay up late	~工作/学习
12. 养成	yǎngchéng	动 (v.)	to develop (a habit)	……的习惯
13. 规律	guīlǜ	名 (n.) /形 (adj.)	law; regular	有~；生活~
14. 缺少	quēshǎo	动 (v.)	to lack	~睡眠/时间
15. 睡眠	shuìmián	名 (n.)	sleep	~不够
16. 甚至	shènzhì	连 (conj.)	even	
17. 头晕	tóuyūn	动 (v.)	to faint	
18. 总之	zǒngzhī	连 (conj.)	after all	

课文二 对话

（吃饭时，朋友们在聊中国人的生活习惯……）

安娜：很多中国菜都放味精，吃了影响健康。

保罗：我同意安娜的话，有的菜还会放很多辣椒，我一吃就上火。

马丁：你们是不是总去饭店吃饭？不能以偏概全[1]。根据我的了解，中国人的家常菜还是很清淡的。他们还相信药食同源[2]，吃得可讲究了。

林达：马丁说得对。不过我觉得中国人早睡早起的生活习惯更值得学习。

杰克：没错。有一次我去泡吧，第二天一大早才回来，一路上碰到了好多去公园晨练的人。

马丁：可不是嘛，中国人很注重养生。我们也要学会爱护自己的身体，如果生病了，难受的是自己。

19. 味精	wèijīng	名 (n.)	MSG（seasoning）	放~
20. 辣椒	làjiāo	名 (n.)	chili; pepper	
21. 上火	shànghuǒ	动 (v.)	to suffer from excessive internal heat	
22. 根据	gēnjù	介 (prep.)	on the basis of	
23. 泡吧	pào bā	动 (v.)	to go to a bar/nightclub	
24. 一大早	yí dà zǎo	名 (n.)	early morning	
25. 晨练	chénliàn	动 (v.)	to do morning exercises	参加~
26. 注重	zhùzhòng	动 (v.)	to pay attention to	~健康/养生/环保
27. 养生	yǎng shēng	动 (v.)	to keep in good health	
28. 爱护	àihù	动 (v.)	to care for	~身体/花草树木
29. 难受	nánshòu	形 (adj.)	unwell	疼得~

注 释

1. 以偏概全（to take a part for the whole）：片面看待整体问题。
   Yīpiān-gàiquán

2. 药食同源（homology of medicine and food）：指食物与药物之间并没有绝对的分界线。
   Yào shí tóng yuán

语言点讲练

一、"尽管"

连词"尽管"表示让步,是"虽然"的意思,后面常用"但是、可是、仍然"等表示转折的词语。

The conjunction "尽管" means "虽然" and denotes a concession. It is usually followed by adversative words such as "但是,可是,仍然".

例:
1. 尽管暂时没病,但存在影响健康的因素,稍微不注意就会生病。
2. 尽管我认真地跟他讨论了这个问题,他还是不同意我的建议。

书面语中,"尽管"还可以用于后一小句。
In written language, "尽管" can also be used in the second clause.

3. 事情到现在还没有解决,尽管大家已经提了不少意见了。

(根据下面的情景,用"尽管"说句子。)
1. 他感冒发烧了,仍然坚持来上课。
2. 你已经长大了,妈妈仍然觉得你是小孩儿。
3. 在中国生活了一段时间了,你习惯这儿的生活了吗?

二、"往往"

副词"往往"表示某种情况经常出现。与"常常"不同的是,"往往"是对到目前为止出现的情况的总结,说明动作重复有一定的规律,强调客观性,只用于过去,不用于现在或将来。且"往往"不直接加动词,而要接与动作有关的情况、条件或结果。否定形式为"往往不"。

The adverb "往往" indicates that a situation appears frequently. It is different from "常常" in that it is a general summary of what has happened so far and explains that the action repeats with some regularity. Due to its objective focus, it can only be used for the past events but not present or future events. "往往" cannot be directly followed by a verb, but comes with the situation, condition or result relating to the action. The negative form is "往往不".

例:
1. 欢迎你以后常来我家玩!(不能用"往往")
2. 八点上课,他往往七点半就到教室了。
3. 留学生往往觉得拼音比汉字容易。
4. 外国人往往不习惯中国的气候。

> 下面的句子对吗？如果不对，请改正。

1. 他往往迟到。
2. 我希望能往往参加这种活动。
3. 在节日期间，通过微信发送的祝福消息常常很多。

三、"甚至"

连词"甚至"强调突出的事例，放在最后一个并列项前面，突出这一项。并列项可以是名词、形容词、动词、介词短语、短句等。

The conjunction "甚至" highlights an outstanding situation. It is put before the last of a series of items as an emphasis. The items can be nouns, adjectives, verbs, prepositional phrases or short sentences.

例：
1. 身体越来越糟糕，**甚至**会出现头晕、全身酸痛的情况。
2. 她是个宅女，吃的、喝的、用的都是网购，**甚至**家电也从网上买。

"不但A，甚至B"也是常用结构。
"不但A，甚至B" is also a commonly used structure.

例：
3. 这个人，我**不但**不认识，**甚至**连见都没见过。
4. **不但**大人，**甚至**小孩儿都明白这个道理。

> 用"甚至"完成句子。

1. 他经常加班，_____。
2. 不但我没通过这次考试，_____。
3. 最近天气不好，_____。

四、"总之"

连词"总之"是"总而言之"的意思，用来总结上文。
The conjunction "总之" is short for "总而言之". It is used to conclude the preceding text.

例：
1. **总之**，不好的生活习惯会引起亚健康。
2. 对于这个决定，有的人赞成，有的人反对，**总之**各有各的看法。
3. 手机可以打电话、听音乐、玩游戏……**总之**，现在人们离不开手机。

用"总之"完成句子。

1. 工作压力大、熬夜玩手机、饮食不规律……_____。
2. 马丁喜欢足球，保罗喜欢篮球，林达喜欢游泳……_____。
3. 四川菜麻辣，广东菜鲜美，上海菜清淡……_____。

五、"根据"

介词"根据"表示以某种事物或动作为前提或基础，后面用名词或动词。若用动词，不可带宾语；前面有施事的名词，中间常用"的"。

The preposition "根据" indicates that a situation or action serves as the premise or basis of the second clause. It is followed by a noun or a verb. If a verb is used, it does not require an object; if there is an agent noun before the preposition, "的" is commonly used in between.

例：
1. **根据**我的了解，中国人的家常菜还是很清淡的。
2. **根据**医生的意见，他开始早睡早起。
3. **根据**计划，我们本周应该学完第八课。

课文一 会话实践

一、根据短文的内容回答问题。

1. 什么是亚健康？
2. 一些人为什么习惯开夜车？有什么后果？
3. 亚健康是由哪些原因引起的？

二、根据提示复述。

Ⓐ "没生病不_____健康"，换句话说就是_____暂时没病，但_____影响健康的_____，_____不注意就会生病，这就是_____。

亚健康是由哪些_____的呢？一些人由于工作、学习的压力，习惯_____，他们的精神_____高度紧张；还有一些人，辛苦了一天后，_____早早休息，总是_____，_____了不好的_____……长期生活不_____、_____运动、_____不够，所以身体越来越糟糕，还出现_____、全身_____的情况。_____，不好的生活习惯会引起亚健康。

Ⓑ

> "……",换句话说就是……,但……,稍微……,这就是……。
>
> 亚健康是……呢?一些人由于……,习惯……,他们的精神……;还有一些人,……后,……休息,总是……,养成了……。长期……、……、……,所以身体……,甚至……、……的情况。总之,……会引起……。

三、讨论。

不好的生活习惯有哪些?

四、活学活用。

调查同学们的情况,帮他们诊断一下是不是"亚健康"。

姓名	有压力吗?什么压力?	开夜车或者熬夜吗?一周几次?	精神怎么样?紧张吗?	生活规律吗?	运动吗?一周几次?	有其他情况吗?比如头晕、全身酸痛……	是不是"亚健康"

课文二 会话实践

一、根据对话的内容回答问题。

1. 保罗一吃辣椒就怎么样？
2. 马丁说中国人的家常菜怎么样？
3. 林达觉得中国人的什么习惯值得学习？
4. 我们为什么要爱护自己的身体？

二、分角色朗读对话。

三、根据提示复述。

A 两人一组一问一答，根据提示复述课文。

○ 安娜觉得中国人的饮食习惯怎么样？保罗呢？

○ 马丁觉得安娜和保罗说得对吗？

○ 林达认为中国人的什么生活习惯值得学习？杰克呢？

○ 中国人注重什么？为什么？

○ 安娜觉得很多中国菜都放_____，吃了影响健康。保罗同意安娜的话，有的中国菜还会放很多_____，他一吃就_____。

○ 马丁觉得他们总去饭店吃饭，不能_____。_____他的了解，中国人的家常菜还是很_____的。中国人还相信_____，吃得可讲究了。

○ 林达觉得中国人_____的生活习惯_____学习。有一次杰克去_____，第二天_____才回来，一路上碰到了好多去公园_____的人。

○ 中国人很_____。要_____自己的身体，如果生病了，_____的是自己。

Ⓑ

朋友们在聊中国人的生活习惯，安娜觉得……，吃了……。保罗……，有的菜……，他一吃……。马丁不同意他们的话，因为不能……。根据……，中国人的家常菜……。中国人还相信……，吃得……。林达觉得……更值得学习。杰克同意林达的话，说有一次……，第二天……，一路上……。中国人很……，这是因为……，如果……，……是自己。

四、讨论。

中国人有哪些生活习惯？

五、活学活用。

模仿课文，介绍一下在你的国家，人们有什么生活习惯。

练 习

一、模仿例子，扩展下列词语。

稍微	稍微注意一下周围。→在人多的地方，我们要稍微注意一下周围环境。→在人多的地方，我们要稍微注意一下周围环境，记住安全出口的位置。
原因	
往往	
注重	
难受	

二、用下列生词和语言点，谈谈你的生活习惯。

生词　存在、稍微、熬夜、养成、睡眠

语言点　尽管、甚至、往往

三、调查同学们有哪些生活习惯，记得给生活习惯不好的同学一些建议。

姓名	生活习惯	建议

四、头脑风暴：小组讨论什么是良好的生活习惯，并做报告。

方面	生活习惯
饮食	
睡眠	
卫生	
心情	
……	

一、调查不同国家的养生方法，说说你对哪个感兴趣/不感兴趣。

国家	养生方法	感兴趣/不感兴趣的原因

二、调查下面这些"药食同源"的食物对身体有什么好处，并谈你对"药食同源"的看法。

名称	好处
枣（zǎo, jujube）	
姜（jiāng, ginger）	
枸杞（gǒuqǐ, goji berry）	
芝麻（zhīma, sesame）	
……	

三、根据本课学习的内容，设计一个调查问卷并采访五个不同年龄的中国人，问问他们的生活习惯，请他们推荐一些养生的知识……

7 躲不开的广告

1. 描述、反问
2. 介绍一则广告
3. 谈论广告的利与弊

热身准备

1. 猜猜这些广告词可能是什么广告里的。

   不走寻常路！　　　　　　　　　小身材、大味道！
   时间因我而存在　　　　　　　　冷热酸甜，想吃就吃！

2. 你购物时受广告影响吗？为什么？

课文一　短文

（马丁在介绍一个让他感动的公益广告……）

深夜，家家户户¹都进入了梦乡。忙了一天的丈夫下班回到家中，看见阳台的灯还开着。他以为是妻子忘了关，便想把灯关了。但是，妻子却拦住了他，让他往楼下看。只见路边停着一辆装满垃圾的三轮车，旁边坐着一对老夫妻。老夫妻正借着他们家阳台灯发出的光，一边愉快地聊着天，一边开心地吃着饭。丈夫一下子明白了妻子不让他关灯的原因。通过一盏灯，他看到了妻子的那颗善良的心。让我们从小事做起，用善良温暖别人。

1. 躲	duǒ	动 (v.)	to hide	~雨，~开
2. 公益	gōngyì	名 (n.)	public welfare	~活动/广告
3. 广告	guǎnggào	名 (n.)	advertisement	
4. 梦乡	mèngxiāng	名 (n.)	dream	进入~
5. 阳台	yángtái	名 (n.)	balcony	
6. 灯	dēng	名 (n.)	lamp	一盏~
7. 便	biàn	副 (adv.)	then	
8. 拦住	lán zhù	动 (v.)	to stop	拦不住
9. 只见	zhǐjiàn	动 (v.)	only to see	
10. 垃圾	lājī	名 (n.)	rubbish	扔~
11. 发出	fāchū	动 (v.)	to emit	~声音/灯光
12. 光	guāng	名 (n.)	light	太阳/灯~

13. 一下子	yíxiàzi	副（adv.）	all of a sudden	
14. 盏	zhǎn	量（mw.）	a measure word for a lamp, etc.	一~灯
15. 颗	kē	量（mw.）	a measure word for something round or granular	一~糖/心
16. 三轮车	sānlúnchē	名（n.）	tricycle	
17. 善良	shànliáng	形（adj.）	kind-hearted	
18. 温暖	wēnnuǎn	形（adj.）	warm	

注释

1. 家家户户（jiājiā-hùhù）(every household)：每家每户。

课文二 对话

安娜：最近看到一个瘦身产品的广告，我挺心动的。

马丁：与其买那些，不如"管住嘴，迈开腿[1]"。除了注意饮食和运动，别的方法都不科学。

安娜：可看着挺可信的，还有明星代言。

马丁：广告会夸大效果，就是为了吸引顾客，赚他们的钱。

安娜：那电视台为什么要播放这种广告啊？这不是骗人嘛。

马丁：没有企业付的广告费，电视台哪儿来的收入啊？

安娜：广告真是无处不在[2]，躲都躲不开。

马丁：所以不能轻易相信广告，得有自己的判断。

安娜：说的也是，抱着怀疑的态度看广告才不会被洗脑[3]。我还是靠运动来减肥吧。

19. 瘦身	shòushēn	动（v.）	to lose weight	~运动/方法
20. 与其……不如……	yǔqí...bùrú...	连（conj.）	would rather... than...	
21. 科学	kēxué	名（n.）/形（adj.）	science; scientific	自然~；不~

22. 明星	míngxīng	名 (n.)	star	女~
23. 代言	dàiyán	动 (v.)	to endorse	~人
24. 夸大	kuādà	动 (v.)	to exaggerate	~成绩/效果
25. 吸引	xīyǐn	动 (v.)	to attract	~人/注意
26. 顾客	gùkè	名 (n.)	customer	
27. 赚	zhuàn	动 (v.)	to earn	~钱
28. 播放	bōfàng	动 (v.)	to play	~音乐/电影/广告
29. 轻易	qīngyì	形 (adj.)	easy	
30. 判断	pànduàn	动 (v.)	to judge; to determine	~力/正确/题
31. 怀疑	huáiyí	动 (v.)	to doubt	让人~
32. 态度	tàidù	名 (n.)	attitude	工作/学习~

注 释

1. 管住嘴，迈开腿（Control your mouth and start working out.）：注意节食，加强运动。
   guǎn zhù zuǐ   mài kāi tuǐ
2. 无处不在（present everywhere）：无论什么地方都有。
   wú chù bú zài
3. 洗脑（to brainwash）：一种幽默说法，指受某种思想观点影响。
   xǐnǎo

语言点讲练

一、"便"

副词"便"的意思是"就",用于书面。可以表示两件事紧接着发生。
The adverb "便" means "就" and is used in written language. It indicates that two things happen in quick succession.

例:
1. 他以为是妻子忘了关,便想把灯关了。
2. 看完电视,他便把电视机关上了。
3. 他一学习起来便忘了时间。

"便+v."强调动作很久以前已经发生,前面有时间词语。
"便+v." emphasizes that the action happened some time ago. A word denoting time can come before this structure.

例:
4. 他很早便到教室了。

复句中也常使用"便"。
"便" is often used in complex sentences.

例:
5. 如果他参加,我便参加。
6. 只要认真学习,便能取得好成绩。

此外,用"便是(在)"加强肯定。
Moreover, "便是(在)" can be used to strengthen the affirmation.

例:
7. 往前走,那栋白色的建筑便是图书馆。

二、"只见"

"只见"的意思是"只看见",常用于场面描写。前边不能有主语。
"只见" means "only to see" and is often used to describe a scene. A subject is not needed before the verb.

例:
1. 妻子却拦住了他,让他往楼下看。只见路边停着一辆装满垃圾的三轮车,旁边坐着一对老夫妻。
2. 林达听到有人叫她,便下了楼。只见保罗抱着鲜花在楼下等她。

三、"与其A不如B"

"与其A不如B"表示在比较了两种情况后，B更好一些，选择B而不选择A。

"与其A不如B" means that in the comparison between A and B, B is better, so B is chosen over A.

例：

1. 与其买那些，不如"管住嘴，迈开腿"。
2. 与其买便宜的但质量差的，不如买贵的但质量好的。
3. 天气这么好，与其在家宅着，不如出去走一走。

请用"与其A不如B"说一说。

1. 相信广告　　　　　　自己判断
2. 打的　　　　　　　　坐地铁
3. 后悔考得不好　　　　好好儿学习

四、"V.都V.不C"

"V.都V.不C"表示做了某行为但是没有达成该行为的目的，一般不用肯定式。少量形容词也可用于此结构。

"V.都V.不C" means that a certain action has been done but the desired goal is yet to be achieved. It is generally used in the negative form instead of the positive form. Some adjectives can also be used in this structure.

例：

1. 广告真是无处不在，**躲都躲不开**。
2. 出了这种事真是让人**想都想不到**。
3. 老奶奶被车撞倒后，**站都站不起来**了。
4. 这家饭店很受欢迎，服务员经常**忙都忙不过来**。

根据下面的情景，用"V.都V.不C"说句子。

1. 老师布置了很多作业。（写）
2. 朋友请你吃饭，点了很多菜。（吃）
3. 你想看最新的电影，但是票卖光了。（买）

五、"轻易"

形容词"轻易"有"随随便便、不慎重"的意思。一般作状语，前面常有"不能、不要、不可"等。

The adjective "轻易" has the meaning of "casual and imprudent". It is generally used as an adverbial and often preceded by "不能，不要，不可".

例：
1. 不能**轻易**相信广告，得有自己的判断。
2. 你不了解这件事，不要**轻易**下结论。

"轻易"也有"简单容易"的意思。
"轻易" also has the meaning of "simple and easy".

例：
3. 中国乒乓球队**轻易**地取得了金牌。
4. 这可不是一件可以**轻易**完成的事。

六、"随便"

形容词"随便"指对数量等不加限制，想怎么做就怎么做、不多考虑，有"随随便便"的用法。
The adjective "随便" refers to an unlimited quantity, with which one can do whatever he/she wants without much consideration. It can also be used as "随随便便".

例：
1. 你想吃什么就**随便**点。
2. 正式场合不能**随随便便**。
3. 上课时不能**随便**说话。
4. 你去不去，**随**你的**便**。

连词"随便"是什么情况都不会改变，后面常用"也、都"等。
The conjunction "随便" indicates that things won't change under any condition. It is often followed by "也，都".

例：
5. **随便**你说什么，我**都**不会相信的。

> 用"轻易"或"随便"填空。

1. 上课的时候，不能＿＿＿＿＿＿进出。
2. 不要＿＿＿＿＿＿相信别人的话。
3. 他这个人说话很＿＿＿＿＿＿，你别往心里去。
4. 你有空儿来我家玩啊，＿＿＿＿＿＿什么时候都可以。
5. 不到最后，我们不能＿＿＿＿＿＿放弃。

课文一 会话实践

一、根据短文的内容回答问题。

1. 丈夫什么时候回的家?
2. 阳台的灯怎么了?
3. 楼下的老夫妻在做什么?
4. 妻子是个什么样的人?

二、根据提示复述。

A 两人一组一问一答,根据提示复述课文。

○ 现在是什么时候了?

○ 丈夫看见了什么?他想做什么?

○ 看到丈夫想关灯,妻子做什么了?

○ 那对老夫妻在做什么?

○ 妻子不让丈夫关灯的原因是什么?

○ 通过这个故事,我们学到了什么?

○ 深夜,_____都进入了_____。

○ 忙了一天的丈夫下班回到家中,看见_____还开着。他以为是妻子忘了关,_____想把灯关了。

○ 妻子_____了他,让他往楼下看。_____路边停着一辆装满_____的三轮车,旁边坐着一对老夫妻。

○ 老夫妻正借着他们家阳台灯_____,一边愉快地聊着天,一边开心地吃着饭。

○ 丈夫_____明白了妻子不让他关灯的原因。通过一_____灯,他看到了妻子的_____心。

○ 让我们从小事做起,用善良_____别人。

Ⓑ

深夜，家家户户都……。……的丈夫……，看见……。他以为……，便……。但是，妻子却……，让他……。只见……，旁边坐着……。老夫妻正……，一边……，一边……。丈夫一下子……。通过一盏灯，他看到了……。让我们……，用善良……。

三、讨论。

妻子为什么不关阳台的灯？

四、活学活用。

模仿短文介绍一个广告（这个广告可以是让你感动的、生气的，或者让你觉得搞笑的、意外的……）。

课文二 会话实践

一、根据对话的内容回答问题。

1. 马丁觉得什么才是科学的减肥方法？
2. 广告为什么要夸大效果？
3. 电视台播放广告的原因是什么？
4. 怎么样才能不被广告洗脑？

二、分角色朗读对话。

三、根据提示复述。

A 两人一组，根据提示复述课文。

 安娜

○ 最近看到一个_____产品的广告，我挺_____的。

○ 可看着挺_____的，还有_____。

○ 那电视台为什么要_____这种广告啊？这不是_____嘛。

○ 广告真是_____，躲都_____。

○ 说的也是，抱着_____的_____看广告才不会被_____。我还是_____吧。

 马丁

○ _____买那些，_____"管住嘴，迈开腿"。除了_____，别的方法都不_____。

○ 广告会_____效果，就是为了_____，_____他们的钱。

○ 没有企业付的广告费，电视台_____的收入啊？

○ 所以不能_____相信广告，得有自己的_____。

B 安娜最近看到……广告，让她挺……的。广告看着……，还有……。马丁劝她与其……，不如……。除了……，别的……。因为广告为了……，会……。安娜觉得这是……，电视台不应该……。但是电视台的收入离不开……。所以广告……，躲……。看到一个广告，我们不能……，得有……。只要大家抱着……，就不会……。

四、讨论。

广告为什么不可信？

五、活学活用。

朋友看了一个治近视的眼药水广告，来问你的意见，模仿课文说一个对话。

练习

一、模仿例子，扩展下列词语。

只见	只见外面下起了大雨。→他关阳台窗户时，只见外面下起了大雨。→他刚把衣服收进了屋，关阳台窗户时，只见外面下起了大雨。
善良	
温暖	
吸引	
态度	

二、用下列生词和语言点，谈谈你对广告的看法。

生词　　夸大、吸引、怀疑、轻易、判断

语言点　与其……不如……、轻易、便

三、设计一个广告并向全班展示，看看谁的广告最受欢迎。

（提示：目标、广告词、图片、人物、海报……）

四、小组讨论广告的优缺点并做汇报。

（提示：公益广告、商业广告……）

优点	缺点

拓 展

一、给同学们介绍一个有创意的广告，并说明介绍这个广告的原因。

二、调查同学们购物时受不受广告的影响，并请被调查的同学举个例子。

姓名	受影响吗？	为什么？	举例

三、根据本课学习的内容以及你调查的信息，设计一个调查问卷并采访五个中国人，问问他们对广告的看法，看看你设计的广告受不受欢迎……

8 宠物好萌

1. 叙述、罗列
2. 介绍你和宠物的故事
3. 解释喜欢某一宠物的原因

热身准备

1. 你有没有养过或者想养什么宠物？为什么想养那种宠物？
2. 什么原因会让你决定养宠物？你会给它起什么名字？
3. 你觉得养宠物会有什么烦恼？
4. 如果你养宠物，遇到下面的情况你会做什么？

   1) 宠物把你的东西弄坏了

   2) 宠物生病了

   3) 宠物丢了

课文一 短文

（马丁谈养宠物的烦恼……）

一个人在外很孤独，考虑到狗可以看家，并且能陪伴我，于是我便从朋友那儿抱来了一只。刚开始我很兴奋，每天准时回家陪它玩。只要看到它，我的心情就特别好。然而它却越来越调皮，给我带来了不少烦恼。我每次充满期待地打开家门，却发现房间被它弄得乱七八糟的：运动鞋、沙发、床单……都被它咬破了。它还一脸得意地看着我，期待我的表扬。你要是问我后来怎么样了，当然是原谅了它，然后一个人默默地收拾房间了。

1.	宠物	chǒngwù	名 (n.)	pet	养~，~医院
2.	孤独	gūdú	形 (adj.)	lonely	
3.	考虑	kǎolǜ	动 (v.)	to consider	~意见/问题
4.	看	kān	动 (v.)	to guard	~家
5.	并且	bìngqiě	连 (conj.)	and	不但/不仅……~……
6.	陪伴	péibàn	动 (v.)	to accompany	~父母/子女
7.	于是	yúshì	连 (conj.)	as a result	……，~……。
8.	兴奋	xīngfèn	形 (adj.)	excited	

9. 准时	zhǔnshí	形（adj.）	punctual	~出发/到达
10. 然而	rán'ér	连（conj.）	however	……，~。
11. 调皮	tiáopí	形（adj.）	naughty	
12. 期待	qīdài	动（v.）	to look forward to	~你来/再见面
13. 乱七八糟	luànqībāzāo		in a mess	~的
14. 咬	yǎo	动（v.）	to bite	~一口，~住/破
15. 破	pò	形（adj.）	torn; worn-out	~衣服，咬~
16. 得意	déyì	形（adj.）	complacent	
17. 表扬	biǎoyáng	动（v.）	to praise	受到~
18. 默默	mòmò	副（adv.）	silently	~地看

课文二 对话

马丁：安娜，你喜欢什么宠物？

安娜：当然是猫啊。你看猫的眼睛大大的，圆圆的，特别可爱。那你呢，你喜欢什么宠物？

马丁：我喜欢狗，狗既忠诚又勇敢。

安娜：我也喜欢狗，但不想养狗。一来狗很吵，二来狗脏脏的，另外每天遛狗也很麻烦。而猫很独立，性格安静，还爱干净。所以我更喜欢猫。

马丁：可是猫一般不主动跟你玩。

安娜：这一点猫倒是真的不如狗。狗对人很友好，而且很聪明。还能当导盲犬[1]帮助人们呢。对了，你养过狗吗？

马丁：我现在就养着一条狗呢。我有照片，你要看吗？

安娜：快让我看看！……哇，好萌啊！

19. 圆	yuán	形（adj.）	round	
20. 忠诚	zhōngchéng	形（adj.）	loyal	
21. 勇敢	yǒnggǎn	形（adj.）	brave	
22. 养	yǎng	动（v.）	to keep; to grow	~花/宠物
23. 另外	lìngwài	连（conj.）	besides; moreover	

24. 遛	liù	动 (v.)	to walk (a dog, etc.)	~狗，~大街
25. 性格	xìnggé	名 (n.)	character	
26. 主动	zhǔdòng	形 (adj.)	active	
27. 倒	dào	副 (adv.)	used to denote a transition or concession	
28. 友好	yǒuhǎo	形 (adj.)	friendly	对……~
29. 萌	méng	形 (adj.)	cute	~~的，很~

注 释

1. 导盲犬（guide dog）：经过严格训练，能带盲人安全走路的狗。
（dǎomángquǎn）

语言点讲练

一、"并且"

连词"并且"表示"更进一步"的意思，后面可以有"也、还"，连接并列的动词、形容词、副词和句子。

The conjunction "并且" means "what is more" and can be followed by "也，还". It can be used to join a series of parallel items, which can be verbs, adjectives, adverbs or sentences.

例：

1. 一个人在外很孤独，考虑到狗可以看家，**并且**能陪伴我，于是我便从朋友那儿抱来了一只。
2. 狗常常叫，**并且**每天遛狗也很麻烦，所以安娜更喜欢猫。

"不但/不仅……并且……"中"进一步"的感觉更强。

"不但/不仅……并且……" is stronger in the meaning of "further more".

例：

3. 他**不仅**是这样说的，**并且**也是这样做的。（"做"比"说"更进一步）

多数时候，"并且"与"而且"可以互换，"并且"在"更进一步"上的语气更强。

In most cases, "并且" is interchangeable with "而且", but "并且" has a stronger tone in "further more".

例：

4. 她**不但**漂亮，**而且**聪明。
5. 我们要养成良好的生活习惯，**并且**要坚持下去。（"坚持"比"养成习惯"更进一步）

用"并且"完成句子。

1. 这只猫不但漂亮、安静，_____。
2. 这个房间不但大，_____。
3. 离婚后，她把东西都拿走了，_____。
4. 这个方法不但很简单，_____。

二、"一来……，二来……"

口语中常用"一来……，二来……"甚至"三来……，四来……"来表示原因、目的等，"来"后面可以加"是"。

In spoken Chinese, "一来……，二来……" even "三来……，四来……" can be used to indicate causes, purposes, etc. "是" can follow "来" in this structure.

例：

1. 我也喜欢狗，但不想养狗。一来狗很吵，二来狗脏脏的。
2. 马丁选择学习汉语，一来（是）受妈妈的影响，二来（是）希望将来能从事跟中国有关的工作。
3. 我不喜欢走马观花式的旅行，一来太累了，二来玩得不尽兴。

用"一来……，二来……"回答问题。

1. 你喜欢狗吗？为什么？
2. 你喜欢猫吗？为什么？
3. 你喜欢什么宠物？为什么？
4. 你为什么来中国学习汉语？

三、"另外"

连词"另外"可以连接句或段，意思是"此外"。

The conjunction "另外" can be used to link sentences or paragraphs. It means "此外" (moreover).

例：

1. 我也喜欢狗，但不想养狗。一来狗很吵，二来狗脏脏的，**另外**（此外）每天遛狗也很麻烦。

"另（外）"也是代词，指的是上面说的范围以外的人或事。后面常用"的"，数量词前可不用。

"另（外）" also works as a pronoun to indicate someone or something beyond what is mentioned above. It is often followed by "的", which can be omitted before a measure word.

例：

2. 我不是来说这件事的，我想跟你说**另**（外）一件事。
3. 我们有两位老师，一位是王老师，**另**（外）一位是李老师。

副词"另外"表示上面说的范围以外，后面常有"还、再、又"。

The adverb "另外" denotes "beyond what is mentioned above" and is often followed by "还，再，又".

例：
4. 他每天除了上课学习，**另外**又找了一个中国语伴辅导口语。

用"另外"完成句子。

1. 狗可以看家，_____。
2. 这个办法不行，_____。
3. 猫很独立，性格安静，_____。
4. 这本书送给你吧，_____。

四、"倒（是）"

"倒（是）"表示跟一般的情况、事实或道理相反。

"倒（是）" indicates what is opposite to the general situation, fact or reason.

例：
1. （猫一般不主动跟你玩）这一点猫**倒**是真的不如狗。
2. 养宠物**倒**不像大家想的那样都是快乐，也有不少烦恼。
3. 他汉语一直不太好，这次HSK考试**倒**考得不错。

用"倒（是）"完成句子。

1. 比起猫，中国人更喜欢养狗。但是近几年，_____。（越来越多）
2. 便宜东西的质量就一定比贵的差？_____。（认为）
3. 留学生普遍认为写汉字很难，但是对日本同学来说，_____。（发音）

课文一 会话实践

一、根据短文的内容回答问题。

1. "我"为什么养宠物？
2. 刚开始"我"为什么每天准时回家？
3. 小狗都咬破了什么？
4. 小狗为什么一脸得意地看着"我"？

二、根据提示复述。

A 两人一组一问一答，根据提示复述课文。

1. "我"为什么养狗？"我"是怎么得到这只狗的？	一个人在外很_____，_____狗可以_____，_____能_____我，_____我便从朋友那儿抱来了一只。
2. 刚开始"我"的心情怎么样？后来呢？	刚开始我很_____，每天_____回家陪它玩。_____看到它，我的心情就_____。_____它却越来越_____，给我带来了不少_____。
3. 小狗给"我"带来了什么烦恼？	我每次充满_____地打开家门，却发现房间被它弄得_____的：运动鞋、沙发、床单……都被它_____了。
4. 小狗知道自己做了错事吗？	它还一脸_____地看着我，期待我的_____。
5. 后来怎么样了？	你要是问我后来怎么样了，当然是_____了它，然后一个人_____地收拾房间了。

B 一个人在外……，考虑到……，并且……，于是我便……。刚开始……，每天……。只要……，我的心情……。然而……，给我带来了……。我每次……打开家门，却发现……：运动鞋、沙发、床单……都……了。它还……看着我，期待……。你要是问我……，当然是……，然后一个人……。

三、讨论。

养了一段时间后，小狗有什么变化？

四、活学活用。

模仿短文说一说养宠物的烦恼。

（提示：知识、旅行、看病、花费……）

课文二 会话实践

一、根据对话的内容回答问题。

1. 马丁为什么喜欢狗?
2. 安娜不想养狗的理由是什么?
3. 狗有哪些优点？猫呢?
4. 马丁家的狗怎么样?

二、分角色朗读对话。

三、根据提示复述。

Ⓐ 两人一组，根据提示复述课文。

 马丁

○ 安娜，你喜欢什么_____?

○ 我喜欢狗，狗既_____又_____。

○ 可是猫一般不_____跟你玩。

○ 我现在就养着一条狗呢。我有照片，你要看吗?

 安娜

○ 当然是猫啊。你看猫的眼睛大大的，_____的，特别可爱。_____，你喜欢什么宠物?

○ 我也喜欢狗，但不想_____。一来狗很吵，二来狗脏脏的，_____每天_____也很麻烦。而猫很_____，_____安静，还爱干净。所以我更喜欢猫。

○ 这一点猫_____真的不如狗。狗对人很_____，而且很聪明。还能当导盲犬帮助人们呢。对了，你养过狗吗?

○ 快让我看看！……哇，_____啊!

B

马丁喜欢既……又……的狗。因为狗对人……，而且……，还能当……。他现在就……。安娜虽然也喜欢狗，但不想……。一来……，二来……，另外……。而猫很……，性格……，还爱……。而且猫的眼睛……，特别……。所以她更喜欢猫。可是安娜也承认猫一般……，这一点……。

四、讨论。

猫有什么特点？狗呢？

五、活学活用。

你喜欢什么宠物？模仿课文说一个对话。

练 习

一、模仿例子，扩展下列词语。

准时	每天准时上课。→开学第一天，老师要求我们每天准时上课。→开学第一天，老师要求我们每天准时上课，然而他却经常迟到。
考虑	
兴奋	
独立	
性格	

二、用下列生词和语言点，谈谈现在宠物越来越受欢迎的原因。

生词　孤独、陪伴、考虑、期待、性格

语言点　并且、另外、一来……二来……

三、调查同学们养宠物的情况，完成表格后介绍一位同学的情况。

（提示：陪伴、收养、压力、好奇、食物、玩具、药、洗澡……）

姓名	养什么宠物？养了几只？	养宠物的原因？	每个月花多少钱？花在哪儿？	有哪些快乐？	有哪些烦恼？

四、请分享一个你和宠物的故事。

（提示：搞笑的、难忘的、难过的……）

五、辩论：养狗好还是养猫好？谈谈你的观点，并至少说出五个理由，然后全班分两队辩论。

（提示：城市/农村、邻居、声音、安全、老鼠、加班……）

我的观点	
我的理由	1.
	2.
	3.
	4.
	5.

拓 展

一、汇总养宠物的烦恼并提出解决的办法。

宠物	烦恼	解决办法
狗		
猫		
……		

二、辩论：一项调查显示中国人主要靠购买或者领养得到他们的宠物。你会领养还是购买？提出你的观点并至少说出五个理由，然后全班分两队辩论。

我的观点	
我的理由	1.
	2.
	3.
	4.
	5.

三、根据本课学习的内容以及调查和讨论的内容，设计一个调查问卷并采访十个不同年龄、性别的中国人（年轻人、老人、男性、女性），看看他们喜欢什么宠物，原因是什么，怎么得到宠物的，养宠物有哪些烦恼……

9 性格与外貌

1.无把握、比较、不在乎
2.描述一个人的性格与外貌
3.谈谈自己喜欢的性格与外貌

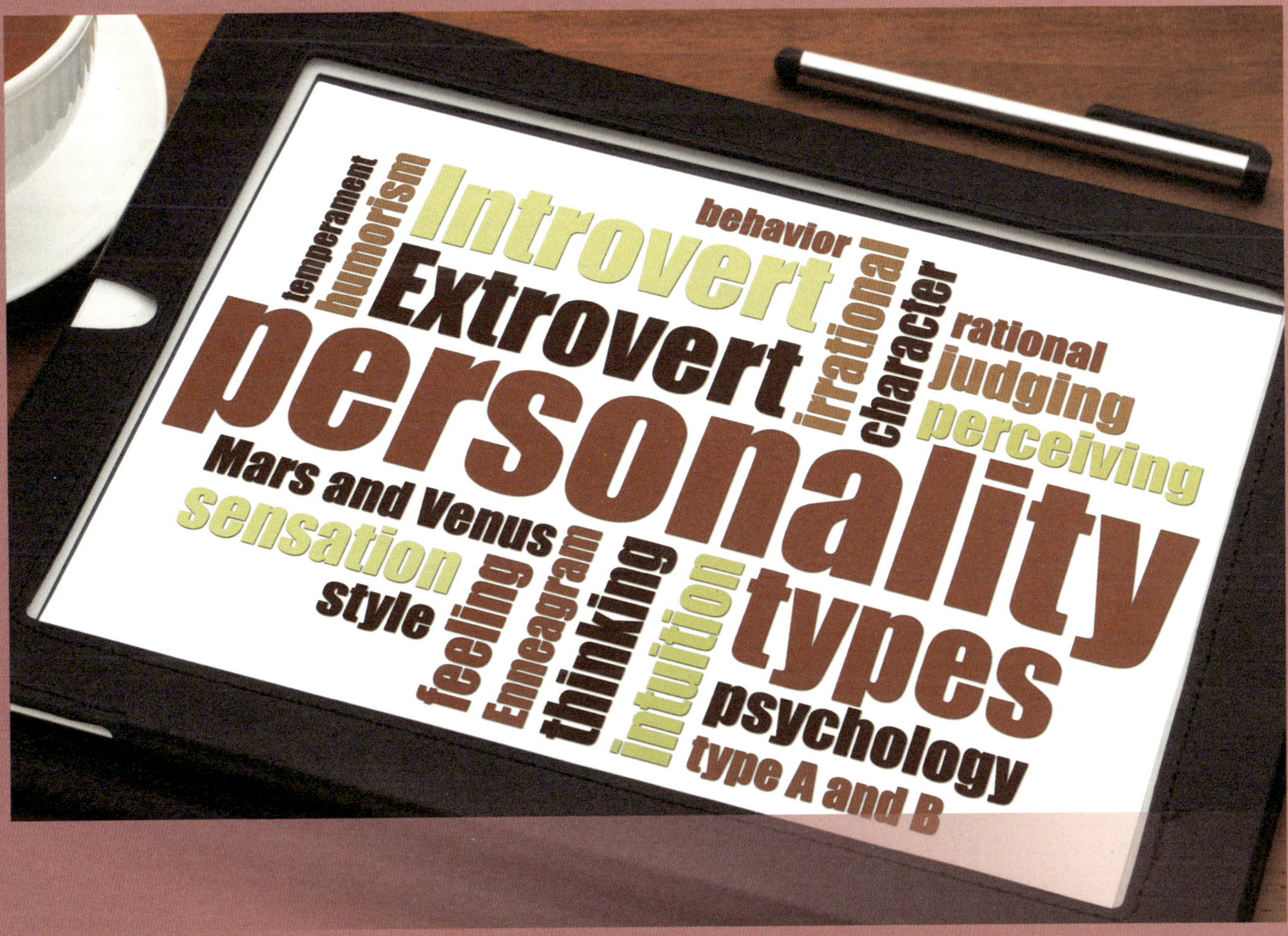

热身准备

趣味性格自测：

1. 我＿＿＿＿挑食。

　　A. 经常——2分　　　　B. 有时候——1分　　　　C. 从不——0分

2. 我＿＿＿＿在室内运动。

　　A. 经常——2分　　　　B. 有时候——1分　　　　C. 从不——0分

3. 人多的地方，我＿＿＿＿感到不舒服。

　　A. 经常——2分　　　　B. 有时候——1分　　　　C. 从不——0分

4. 放假了，我会＿＿＿＿。

　　A. 宅在家——2分　　　　B. 约上朋友出去玩——0分

5. 参加聚会，我会＿＿＿＿。

　　A. 坐在角落玩手机——2分　　　　B. 到处找朋友们聊天儿——0分

分数分析：

0~3分：你是"狗系"性格的人，很热情，喜欢跟人打交道，大家也都喜欢跟你来往。

4~7分：你既外向又内向，有时候喜欢热闹，有时候也想一个人安安静静地呆着。

8~10分：你是"猫系"性格的人，比较安静，常宅在家里，不太喜欢社交。

课文一　短文

　　心理学把性格分为外向和内向两种。外向的多半热情开朗、活泼自信，内向的比较害羞神秘、沉默独立。不同文化对性格也有不同的判断方式。

　　中国人认为性格跟属相[1]有重要的关系。比如属羊的人亲切、有同情心，而属龙的人则坚强、有责任心……

　　日本人觉得血型影响性格。O型血的人乐观、大方，A型血的人认真、文静……

　　欧美人根据星座[2]判断性格。狮子座[3]阳光、诚实，而双鱼座[4]敏感、浪漫……

　　亲爱的朋友，你是什么性格呢？你喜欢什么性格呢？

1. 外貌	wàimào	名 (n.)	appearance	
2. 心理学	xīnlǐ xué	名 (n.)	psychology	
3. 开朗	kāilǎng	形 (adj.)	outgoing	
4. 活泼	huópō	形 (adj.)	lively	
5. 自信	zìxìn	形 (adj.) / 动 (v.) / 名 (n.)	confident; to be confident of; confidence	对……很/有~
6. 神秘	shénmì	形 (adj.)	mysterious	
7. 沉默	chénmò	形 (adj.)	silent	保持~
8. 方式	fāngshì	名 (n.)	way; manner	一种~
9. 亲切	qīnqiè	形 (adj.)	intimate	对……~
10. 同情	tóngqíng	动 (v.)	to sympathize with	~她
11. 龙	lóng	名 (n.)	the Chinese Dragon	
12. 则	zé	副 (adv.)	used to denote a comparison or transition	A……，而B~……
13. 坚强	jiānqiáng	形 (adj.)	strong; firm	
14. 血型	xuèxíng	名 (n.)	blood type	一种~
15. 乐观	lèguān	形 (adj.)	optimistic	
16. 大方	dàfāng	形 (adj.)	generous	
17. 文静	wénjìng	形 (adj.)	gentle and quiet	
18. 诚实	chéngshí	形 (adj.)	honest	
19. 敏感	mǐngǎn	形 (adj.)	sensitive	
20. 浪漫	làngmàn	形 (adj.)	romantic	
21. 亲爱	qīn'ài	形 (adj.)	dear	~的n.

注 释

1. 属相（shǔxiàng）(one of the twelve animal signs in the Chinese Zodiac)：中国传统用来象征一个人出生年份的十二种动物，包括鼠、牛、虎、兔等。
2. 星座（xīngzuò）(star sign)：这里指用来象征一个人出生月份的黄道十二宫。
3. 狮子座（shīzi zuò）(Leo)：一个星座。
4. 双鱼座（shuāngyú zuò）(Pisces)：一个星座。

课文二 对话

（马丁在公园和一个阿姨聊得很开心，突然阿姨说要给他介绍女朋友……）

阿姨：小伙子，你对年龄有什么要求吗？

马丁：说实话，年龄对我来说无所谓，差不多就行。

阿姨：那你喜欢长什么样的？身材苗条的还是丰满的？个子呢？

马丁：只要她有一头又黑又直的长发，我就都喜欢。

阿姨：还有别的要求吗？

马丁：对了，我喜欢单眼皮[1]的女生，感觉神神秘秘的，特别有魅力。

阿姨：哟，那我可不敢保证找得到。现在的女孩子都追求大眼睛、双眼皮。

马丁：那也没关系。跟外貌相比，性格更重要。

阿姨：那说说你喜欢什么性格的？

马丁：热情开朗、活泼爱笑，最好跟我有共同爱好。

22. 小伙子	xiǎohuǒzi	名（n.）	young man	
23. 年龄	niánlíng	名（n.）	age	~大/小，退休~
24. 实话	shíhuà	名（n.）	truth	说~
25. 无所谓	wúsuǒwèi	动（v.）	it doesn't matter	对……~
26. 身材	shēncái	名（n.）	stature; figure	~好
27. 苗条	miáotiáo	形（adj.）	slim	身材~
28. 丰满	fēngmǎn	形（adj.）	plump	身材~
29. 魅力	mèilì	名（n.）	charm	有~
30. 哟	yō	叹（int.）	oh (used to express a mild surprise)	
31. 保证	bǎozhèng	动（v.）/名（n.）	to ensure; guarantee	~VO
32. 追求	zhuīqiú	动（v.）	to pursue	~完美/成功/梦想/异性
33. 相比	xiāngbǐ	动（v.）	to compare	跟A~，B……
34. 共同	gòngtóng	形（adj.）	common	~语言/话题/点

注 释

1. 单眼皮(single eyelid) _{dānyǎnpí}

语言点讲练

一、"A……,而B则……"

"则"作为副词表示转折,意思为"却"。"A……,而B则……"这个结构中强调两事物的对比,表示A和B不一样;"而"与"则"可连用,也可只用一个。

"则" as an adverb denotes a transition and means "却,可是". The structure of "A……,而B则……" emphasizes the contrast between two things, and indicates that A is different from B. Either "而" or "则", or both, can be used in the structure.

例:
1. 属羊的人亲切、有同情心,而属龙的人则坚强、有责任心。
2. 端午节时,南方人喜欢吃咸粽子,而北方人则喜欢吃甜粽子。

用"A……，而B则……"写句子。

1. 北方人爱吃面条　　南方人爱吃米饭
2. 中国人用筷子　　　西方人用刀叉
3. 保罗运动　　　　　马丁看书

二、"无所谓"

"无所谓"的意思是对前面提到的事物、条件、情况等，某人不在乎、不关心。可以用"对……无所谓"、"……对……来说无所谓"，也可单独用"无所谓"。

"无所谓" means that the aforementioned objects, conditions or situations don't matter to someone. Commonly used structures include "对……无所谓" and "……对……来说无所谓". "无所谓" can be used alone.

例：

1. 说实话，年龄对我来说无所谓。
2. 对我来说，参加这次HSK考试就是看看自己的水平，通不通过无所谓。
3. A：你有什么意见吗？
   B：无所谓。

使用"无所谓"要注意情景，避免让对方难过。

Context should be taken into consideration when using "无所谓", in order to avoid upsetting the other person.

根据下面的情景，用"无所谓"说句子。

1. 你对男朋友/女朋友有什么要求？（年龄、长相、身高、性格……）
2. 你喜欢什么样的工作？（公司规模、职位、工资……）
3. 和朋友们计划去迪士尼，朋友问你想几点出发。

三、"敢/不敢"

"敢"除了表示有勇气做某事外，还可以表示有把握作某种判断，否定形式为"不敢"。用法后必须加判断的内容，不能单独回答问题。通常与"说""保证""肯定"等词连用。

"敢" denotes that the speaker has the courage to do something or is sure of a certain judgment. The negative form is "不敢". "敢/不敢" can't be used alone to answer a question (for it must be followed by the judgment) and is often used before "说"，"保证" or "肯定".

例：

1. 哟，我可不敢保证找得到。
2. 我敢说他一定不愿意参加这次活动。
3. 能不能通过这次考试，我真不敢肯定。

用"敢/不敢"回答问题。

1. 你能通过HSK4级考试吗？5级呢？
2. 你适应中国的生活了吗？
3. 如果明天听写第1课到第9课的生词，你有信心得满分吗？

四、"跟A相比，B……"

"跟A相比，B……"这个结构表示比起A，说话人倾向B。B后常有"更、还"等词。书面语中可用"和"或"同"代替"跟"。

The structure of "跟A相比，B……" indicates that the speaker prefers B to A. B is often followed by "更，还". In written language, "跟" can be replaced by "和" or "同".

例：
1. **跟**外貌**相比**，性格更重要。
2. **跟**马丁**相比**，我差得多了。

根据实际情况用"跟A相比，B……"回答问题。

1. 找男朋友/女朋友时，你觉得什么更重要？（外貌、性格、年龄、长相……）
2. 你喜欢什么电影？（爱情片、动作片、恐怖片……）
3. 你的国家面积大还是中国面积大？人口呢？

课文一 会话实践

一、根据短文的内容回答问题。

1. 心理学把性格分为哪几种？
2. 中国人认为属羊的人的性格怎么样？
3. 日本人认为O型血的人性格有什么特点？
4. 欧美人根据什么判断性格？

二、根据提示复述。

Ⓐ 两人一组一问一答，根据提示复述课文。

○ 心理学怎么区分性格？

○ 外向的人性格怎么样？内向的人呢？

○ 不同文化对性格的判断方式一样吗？

○ 中国文化认为性格跟什么有关？

○ 日本文化认为性格跟什么有关？

○ 欧美文化认为性格跟什么有关？

○ ＿＿＿＿＿把性格分为＿＿＿＿和＿＿＿＿两种。

○ 外向的多半热情＿＿＿＿、＿＿＿＿，内向的比较害羞＿＿＿＿、＿＿＿＿独立。

○ 不同文化对性格有不同的判断＿＿＿＿。

○ 中国人认为性格跟＿＿＿＿＿＿有重要的关系。比如属羊的人＿＿＿＿、有＿＿＿＿，而属龙的人则＿＿＿＿、有责任心……

○ 日本人觉得＿＿＿＿影响性格。O型血的人＿＿＿＿、＿＿＿＿，A型血的人认真、＿＿＿＿……

○ 欧美人根据＿＿＿＿＿判断性格。狮子座阳光、＿＿＿＿，而双鱼座＿＿＿＿、＿＿＿＿……

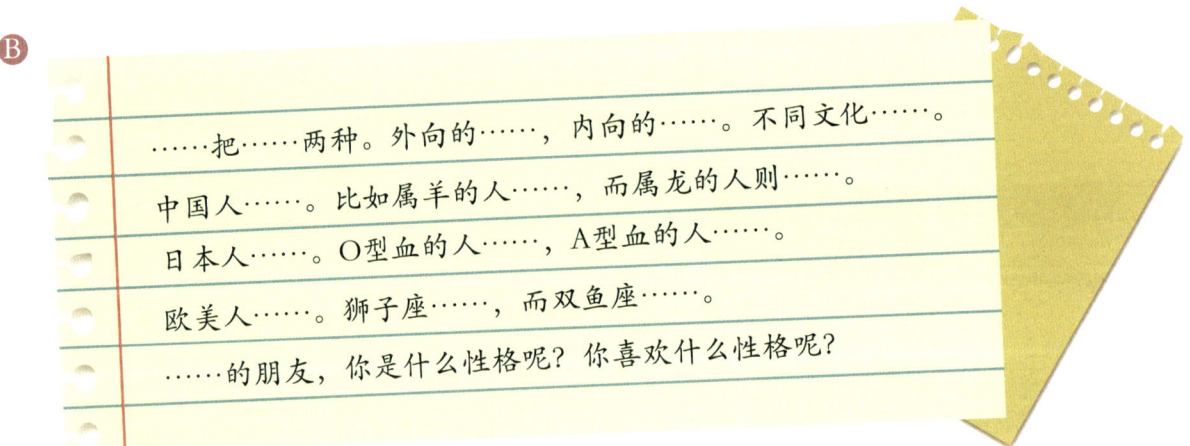

B

……把……两种。外向的……，内向的……。不同文化……。
中国人……。比如属羊的人……，而属龙的人则……。
日本人……。O型血的人……，A型血的人……。
欧美人……。狮子座……，而双鱼座……。
……的朋友，你是什么性格呢？你喜欢什么性格呢？

三、讨论。

对性格的判断方式有哪些？

四、活学活用。

模仿短文说一说你的国家或文化对性格的判断方式。

课文二 会话实践

一、根据对话的内容回答问题。

1. 马丁对女孩子的年龄有什么要求吗?
2. 马丁觉得什么样的女孩比较神秘有魅力?
3. 现在的女孩子追求什么样的外貌?
4. 马丁喜欢什么样性格的女孩子?

二、分角色朗读对话。

三、根据提示复述。

Ⓐ 两人一组,根据提示复述课文。

 阿姨

○ _____,你对_____有什么要求吗?

○ 那你喜欢长什么样的?_____的还是_____的?_____呢?

○ 还有别的_____吗?

○ _____,那我可不敢_____找得到。现在女孩子都_____大眼睛、双眼皮。

○ 那说说你喜欢什么性格的?

 马丁

○ 说_____,年龄对我来说_____,差不多就行。

○ _____她有一头又黑又直的长发,我就都喜欢。

○ 对了,我喜欢单眼皮的女生,感觉_____的,特别_____。

○ 那也没关系。跟外貌_____,性格更重要。

○ 热情_____、活泼_____,最好跟我有_____爱好。

B

　　阿姨打算给马丁介绍个女朋友,所以她问了很多问题,比如对……。但是马丁觉得……无所谓,差不多就行。只要……,他就都……。而且他还告诉阿姨他喜欢……,感觉……,特别……。但是现在的女孩子……,所以阿姨……。不过马丁也说跟……相比,……重要。他喜欢……的性格,女孩子最好……。

四、讨论。

马丁喜欢什么样的女孩子?

五、活学活用。

你打算找一个聊得来的中国人当语伴,想请老师给你介绍一个。模仿课文说一个对话。

一、模仿例子,扩展下列词语。

自信	我没有太大的自信。→这次考试内容多、时间短,我没有太大的自信。→这次考试内容多、时间短,能不能通过,我没有太大的自信。
亲切	
同情	
诚实	
魅力	

二、用本课生词和语言点，介绍一下自己的性格。

生词　开朗、活泼、坚强、文静、敏感

语言点　A……，而B则……；跟A相比，B……

三、说一说下面这些人的外貌。

四、两人一组，我说你猜：一人描述同学的外貌和性格，另一人猜。看看哪一组猜出来的多。

五、你了解你的同学吗？你知道他们是什么性格的人吗？完成表格后采访一下他们，看看你说得对不对。

姓名	我的观点	对不对？原因呢？

一、根据你的属相、血型和星座能得出怎样的性格分析？请调查一下并做汇报。你觉得这些说法正确吗？为什么？

判断方式	内容	正确吗？	为什么？
属相：			
血型：			
星座：			

二、辩论：性格和外貌，哪个更重要？谈谈你的观点并至少说出五个理由，然后全班分两队辩论。

（提示：交朋友、谈恋爱、面试、销售……）

我的观点	
我的理由	1.
	2.
	3.
	4.
	5.

三、根据本课学习的内容，设计一个调查问卷并采访五个中国人，看看他们是什么性格，喜欢什么性格的人……

10 "剩男""剩女"

1. 吃惊、反对
2. 介绍自己的择偶观
3. 了解和评论中国的"相亲"文化

热身准备

1. 你认为最适合结婚的年龄是多大?
2. 如果你的朋友们都结婚了,你会感到着急吗?为什么?
3. 如果你不结婚,你的父母会是什么态度?周围人呢?你会在意他们的看法吗?

课文一 短文

(在电视相亲节目上……)

男青年:

我承认我喜欢漂亮的女人,毕竟外貌最先打动男人的心。希望她既聪明又善良,有耐心,不乱发脾气。不管遇到什么问题,都要跟我商量解决,而不是让我猜来猜去。现在经济压力这么大,我希望她有一份稳定的工作,而不是当家庭主妇。

女青年:

帅不帅不重要,关键是要有责任心。婚后要以家庭为中心,不能像单身时那样吃喝玩乐。要幽默,这样生活才有趣。不管怎么样,我都不会放弃我的工作。最后,家是两个人的,家务必须夫妻俩一起干。

1.	剩	shèng	动 (v.)	to be left over	~饭/菜,~男/女
2.	相亲	xiāngqīn	动 (v.)	to have a blind date	相了几次亲,A跟B~
3.	承认	chéngrèn	动 (v.)	to admit	
4.	毕竟	bìjìng	副 (adv.)	after all	~+事实/原因
5.	耐心	nàixīn	形 (adj.) / 名 (n.)	patient; patience	~解释;有~
6.	发脾气	fā píqi	动 (v.)	to lose temper	A对B~
7.	不管……都……	bùguǎn...dōu...		no matter what ...	
8.	商量	shāngliang	动 (v.)	to discuss; to consult	A跟B~

9. 解决	jiějué	动（v.）	to solve	~问题/困难	
10. 经济	jīngjì	形（adj.）/ 名（n.）	economic; economy	~实惠；~压力，发展~	
11. 这么	zhème	代（pron.）	so; like this	~+adj.	
12. 稳定	wěndìng	形（adj.）	stable	工作/生活~	
13. 家庭主妇	jiātíng zhǔfù	名（n.）	housewife		
14. 关键	guānjiàn	名（n.）/ 形（adj.）	key	~在于；~问题，很~	
15. 中心	zhōngxīn	名（n.）	center	以……为~，~问题/工作，信息~	
16. 单身	dānshēn	名（n.）	single		
17. 家务	jiāwù	名（n.）	housework	~劳动/活儿，做~	
18. 俩	liǎ	数（numeral）	two	夫妻/咱~	

课文二 对话

（马丁在和白雪谈阿姨给他介绍女朋友的经历……）

马丁：她一上来[1]就详细地问我年龄、身高、学历、工作、收入、父母的情况、家庭背景……我大吃一惊，话都说不出来了。

白雪：中国的相亲往往以结婚为目的。见面前，介绍人就把双方的情况打听清楚，看条件合不合适。

马丁：太不可思议了。在我们国家，男女认识后，常常聊聊兴趣爱好。有了共同语言，再进一步约会，互相了解。

白雪：你们国家有没有"剩男""剩女"的说法？

马丁：没有，那是什么？

白雪：就是到了该结婚的年龄却还单身的人。他们的父母往往比他们还着急，安排他们参加各种相亲活动。

马丁：这不是为了结婚而结婚吗？我认为这样不对。只有该结婚的感情，没有该结婚的年龄。

19. 详细	xiángxì	形（adj.）	detailed	
20. 学历	xuélì	名（n.）	education background	最高~

21. 收入	shōurù	名 (n.)	income	~高/低
22. 背景	bèijǐng	名 (n.)	background	家庭~
23. 吃惊	chījīng	动 (v.)	to be surprised	大吃一惊，吃了一惊
24. 目的	mùdì	名 (n.)	aim; purpose; goal	~地，有~
25. 双方	shuāngfāng	名 (n.)	both sides	男女~
26. 打听	dǎtīng	动 (v.)	to inquire	~消息
27. 条件	tiáojiàn	名 (n.)	condition	~高/多，提~，身体/工作~
28. 不可思议	bùkěsīyì		unbelievable	对……感到~
29. 语言	yǔyán	名 (n.)	language	共同~，一种~
30. 约会	yuēhuì	动 (v.) /名 (n.)	to date; date	A跟B~，有一个~

注 释

1. 一上来（from the start）：表示"一开始"。
  yī shàng lái

语言点讲练

一、"不管……都/也……"

"不管"表示任何条件或情况下,结果或结论都不会改变,后半句常有"都"或"也"。"不管"后必须包含两种或多种可能性,可用"A不A"、"A还是B"、疑问代词等。

"不管" indicates that the result or conclusion will not change under any condition, and the second clause often contains "都" or "也". There must be two or more possibilities after "不管". "A不A", "A还是B" or an interrogative pronoun can be used in this structure.

例:
1. **不管**遇到什么问题,**都**要跟我商量解决。("什么问题"有无限种可能)
2. **不管**怎么样,我**都**不会放弃我的工作。
3. **不管**哪门课,我们**都**要认真学习。("哪门课"有多种可能)
4. **不管**你去不去,都告诉我一声。("去不去"有两种情况)
5. **不管**你同意还是反对,我**都**要做。("同意""反对"表示两种可能性。)

下面的句子对吗?如果不对,请改正。

1. 不管是谁,都不能迟到。
2. 不管他做这个困难的工作,他都非常认真。
3. 不管是马丁还是保罗,都是好学生。
4. 大家的意见,不管好,我都会考虑。

二、"V.来V.去"

"V.来V.去"表示多次重复某一行为,后面常用"还是、就是"等。

"V.来V.去" indicates that a certain action is repeated many times. The structure is often followed by "还是,就是".

例:
1. 无论遇到什么问题,都要跟我商量解决,而不是让我**猜来猜去**。
2. 他**说来说去**,就是不想帮我。
3. **吃来吃去**,还是妈妈做的饭最好吃。

根据下面的情景,用"V.来V.去"说句子。

1. 你在商场逛了很久,但是没有买到合适的鞋子。
2. 你想了很久,最后决定去西安旅行。
3. 你比了比两件衣服的款式、价格,最后买了一件便宜的。

三、"A不A不重要"

"A不A不重要"指说话人觉得前边提到的情况或条件好坏不重要，也可说"A不A无所谓"。

When saying "A不A不重要", the speaker thinks the situation or condition mentioned above is not important. The structure can also be used as "A不A无所谓".

例：

1. 帅不帅不重要，关键是要有责任心。
2. 很多人觉得质量好不好不重要，便宜就行了。
3. 他来不来不重要，你来就行了。

根据下面的情景，用"A不A不重要/无所谓"说句子。

1. 劝朋友去酒吧。（喝酒/认识新朋友）
2. 劝朋友去KTV。（唱歌/放松一下）
3. 约朋友去一家很贵的饭店。（贵/好吃）

四、"以……为……"

"以……为……"的意思是"把……作为……"或"认为……是……"。

"以……为……" means "把……作为……" or "认为……是……"（to take ... as ...）.

例：

1. 婚后要以家庭为中心，不能像单身时那样吃喝玩乐。
2. 中国的相亲往往以结婚为目的。
3. 在中国留学，要以学习为主。

用"以……为……"回答问题。

1. 在中国留学期间，你的目标是什么？
2. 你最大的压力是什么？
3. 你生活中有什么乐趣？

五、"为（了）……而……"

前面的"为（了）……"表示目的，后面的"而"表示实现该目的的方法。

"为（了）……" in the first part indicates the aim, while "而……" in the second part introduces the method to achieve it.

例：

1. 同学们为了提高口语水平而积极找语伴练习。
2. 马丁为通过HSK考试而报名辅导班。

通常情况下"为（了）A而A"表示不考虑做法是否合理也要实现某个目的，带有不认同、反对、批评的语气。

Generally speaking, "为（了）A而A" indicates that somebody wants to achieve the goal without considering if his/her action is reasonable. It delivers a message of disagreement, objection or criticism.

例：

3. 这不是**为了**结婚**而**结婚吗？
4. 你不能**为了**反对**而**反对！这件事他没做错。

用"为（了）……而……"回答问题。

1. 你会参加相亲活动吗？
2. 你会为了什么而结婚？
3. 你为什么选择来中国学习汉语？

课文一 会话实践

一、根据短文的内容回答问题。

1. 男青年认为什么最先打动男人的心？
2. 男青年为什么不希望妻子当家庭主妇？
3. 女青年认为外貌重要吗？为什么？
4. 女青年认为家务应该谁做？

二、根据提示复述。

A 两人一组，根据提示复述课文。

男青年：
我_____我喜欢漂亮的女人，_____外貌最先_____男人的心。希望她既聪明又善良，有_____，不乱_____。_____遇到什么问题，都要跟我_____，而不是让我_____。现在_____压力_____大，我希望她有一份_____的工作，而不是当_____。

女青年：

帅不帅不重要，_____是要有_____。婚后要以家庭为_____，不能像_____时那样_____。要_____，这样生活才有趣。_____怎么样，我都不会_____我的工作。最后，家是两个人的，_____必须_____一起干。

B 两人一组一问一答，根据提示复述课文。

1. 男青年的择偶（zé'ǒu, to choose a spouse）标准是什么？
   我承认……，毕竟……。希望她……，有……，不……。不管……，都要……，而不是……。现在……这么大，我希望……，而不是……。
2. 女青年的择偶标准是什么？
   帅不帅……，关键是……。婚后要……，不能……。要幽默，……。不管怎么样，我都……。最后，家……，家务……。

三、讨论。

男青年和女青年的择偶标准有哪些一样的地方，哪些不一样的地方？

四、活学活用。

模仿短文说一说你的择偶标准。

课文二 会话实践

一、根据对话的内容回答问题。

1. 听了阿姨问他的问题，马丁有什么感觉？
2. 相亲前，介绍人会做什么？
3. "剩男""剩女"是什么意思？
4. 马丁怎么看中国式相亲？

二、分角色朗读对话。

三、根据提示复述。

A 两人一组，根据提示复述课文。

马丁

○ 那个阿姨一上来就_____地问我年龄、身高、_____、工作、_____、父母的情况、家庭_____……我_____，话都说不出来了。

○ 太_____了。在我们国家，男女认识后，常常聊聊兴趣爱好。有了_____，再进一步_____，互相了解。

○ 没有，那是什么？

○ 这不是_____结婚而结婚吗？我认为这样不对。只有该结婚的_____，没有该结婚的_____。

白雪

○ 中国的相亲_____以结婚为_____。见面前，介绍人就把_____的情况_____清楚，看_____合不合适。

○ 你们国家有没有"____""____"的说法？

○ 就是到了该结婚的____却还____的人。他们的父母往往比他们还_____，_____他们参加各种_____。

B

中国的相亲往往……。见面前，介绍人就……，会详细地……，看……。这是因为到了……的人，被叫作"……""……"。他们的父母……，所以安排……。这让马丁觉得……，因为在他们国家，男女……，常常……，有了……，再……。马丁认为为了……，这样……。只有……，没有……。

四、讨论。

在中国，相亲前介绍人要了解双方的哪些方面？

五、活学活用。

你对中国式相亲有什么看法？模仿课文说一个对话。

一、模仿例子，扩展下列词语。

承认	他不承认这是他的错误。→他把我的车撞坏了，但是他却不承认这是他的错误。→他借我的车开，出了车祸，把车撞坏了，但是他却不承认这是他的错误。
耐心	
脾气	
关键	
条件	

二、用下列生词和语言点，谈谈你对"剩男""剩女"的看法。

生词　毕竟、关键、目的、中心、双方

语言点　不管……都/也……、以……为……、为（了）……而……

三、采访不同性别同学的择偶标准，看看有什么共同点和不同点，并做汇报。

男同学		女同学	
姓名	择偶标准	姓名	择偶标准
共同点			
不同点			

四、辩论：你支持中国式相亲吗？谈谈你的观点并说出至少五个理由，然后全班分两队辩论。

我的观点	
我的理由	1.
	2.
	3.
	4.
	5.

拓 展

一、调查：不同国家的人认识新朋友（或男/女朋友）的方法是什么样的？在同学中调查一下，谈谈你的看法，并选择一个你觉得最好的方法介绍一下。

国家	方法	我的看法

二、小组讨论并汇报：造成"剩男""剩女"的原因有哪些？

（提示：经济、社会、教育、压力……）

三、根据本课学习的内容以及你调查和讨论的内容，设计一个调查问卷并采访十个未婚的中国人，看看他们自我感觉是不是"剩男""剩女"、他们单身的原因、对相亲的看法……

11 保护环境，人人有责

1. 开始话题、赞同、插话
2. 介绍环保措施
3. 评论某项环保活动

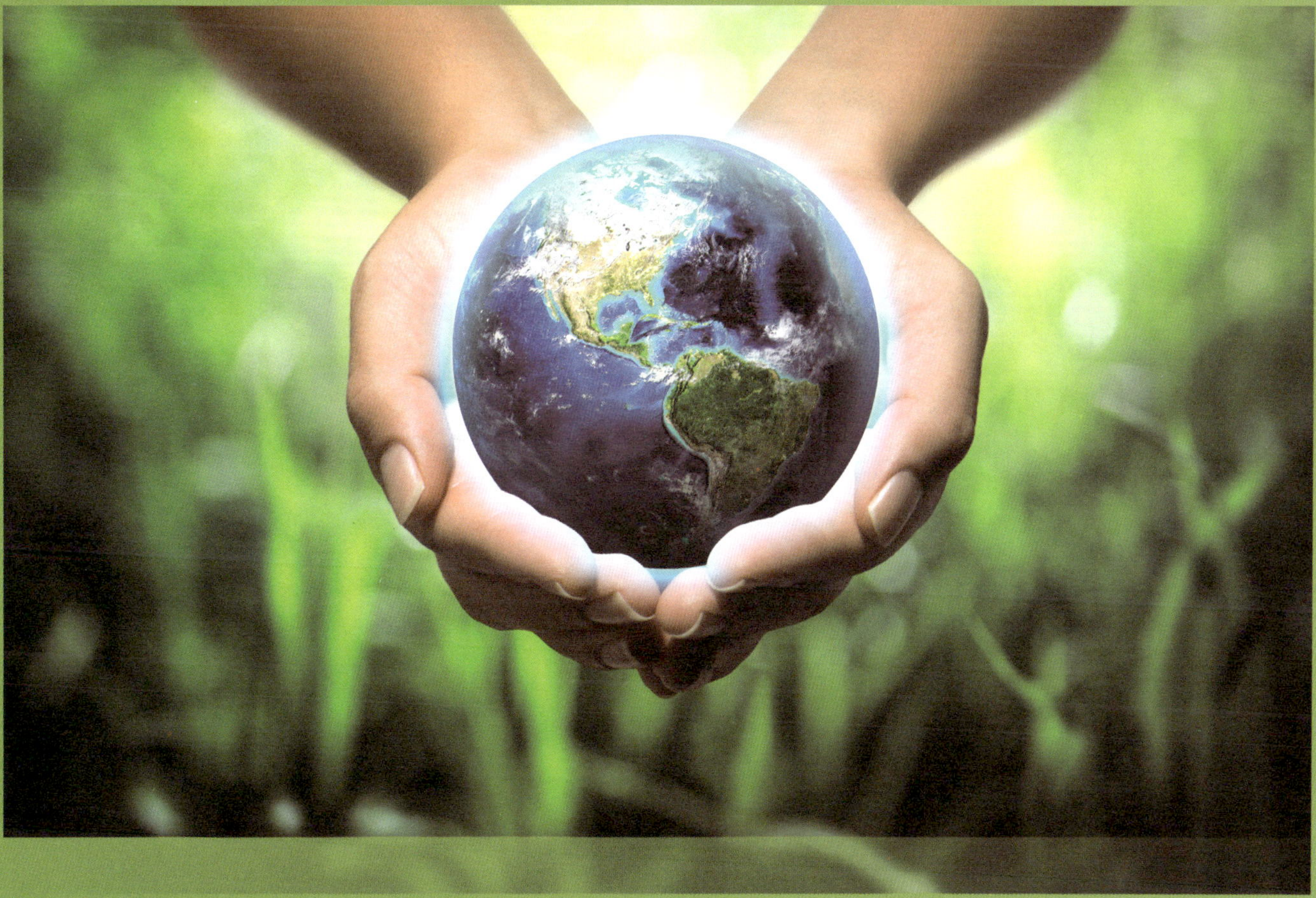

热身准备

说说下面这些广告的目的是什么。

课文一 短文

现在环境污染严重，保护环境，人人有责。我们建议：

第一，多使用手机、电脑等方式获得信息。

第二，减少纸张的使用，双面打印或复印。

第三，不用一次性产品，自备水瓶、餐具。

第四，随身带环保袋，不用塑料袋。

第五，随手关灯，不要浪费。

第六，空调不要调得过高或过低。

第七，节约用水，及时关水龙头[1]。

第八，少开车，多乘车。

第九，旧电池不乱扔，放到回收点。

第十，禁止破坏森林。

亲爱的朋友，您是否有更好的办法？

1. 污染	wūrǎn	动 (v.)	to pollute	~环境/空气
2. 使用	shǐyòng	动 (v.)	to use	~方法
3. 获得	huòdé	动 (v.)	to gain	~+抽象事物，~好评
4. 减少	jiǎnshǎo	动 (v.)	to reduce	~麻烦/污染
5. 打印	dǎyìn	动 (v.)	to print	

6. 复印	fùyìn	动 (v.)	to copy	
7. 随身	suíshēn	形 (adj.)	carry-on; handy	~用品/带
8. 塑料袋	sùliào dài	名 (n.)	plastic bag	一个~
9. 随手	suíshǒu	副 (adv.)	conveniently; without extra trouble	~关门/扔垃圾
10. 浪费	làngfèi	动 (v.)	to waste	~水/电
11. 节约	jiéyuē	动 (v.)	to save; to economize	~时间/用水/用电
12. 过	guò	副 (adv.)	over	~高/低/难/奖
13. 及时	jíshí	形 (adj.) /副 (adv.)	timely; in time	很~，~雨；~解决
14. 回收	huíshōu	动 (v.)	to recycle	~衣服/书/垃圾
15. 禁止	jìnzhǐ	动 (v.)	to prohibit	~吸烟
16. 森林	sēnlín	名 (n.)	forest	一片~
17. 是否	shìfǒu	副 (adv.)	whether	

注 释

1. 水龙头（water tap）：自来水的出水开关。
   shuǐ lóngtóu

课文二 对话

（课间的时候……）

林达：欸，听说了吗？今天有个"地球一小时"活动，晚上关灯一小时。你们参加吗？

马丁：当然要参加。我们可以点上蜡烛，吃一顿烛光晚餐[1]，既浪漫又有意义，一举两得[2]。

安娜：还可以提高大家的环保意识，我也愿意参加。

保罗：不好意思，打断一下。生产的电不马上使用就浪费了，这到底算不算环保呢？而且节约不等于不用。为了追求环保而降低生活质量甚至放弃发展，即使环保了，意义也不大。

马丁：保罗说得也有道理。无论是环保还是发展，都是为了更好的生活嘛。再说，发展科技也能解决环境问题啊。

18.	欸	ēi	叹（int.）	an interjection for attracting attention	
19.	蜡烛	làzhú	名（n.）	candle	
20.	意义	yìyì	名（n.）	meaning	有积极的~
21.	打断	dǎ duàn	动（v.）	to interrupt	~一下儿
22.	生产	shēngchǎn	动（v.）	to produce	~汽车，~线
23.	到底	dàodǐ	副（adv.）	on earth	
24.	算	suàn	动（v.）	to count as	
25.	降低	jiàngdī	动（v.）	to decrease	~标准/要求
26.	即使	jíshǐ	连（conj.）	even if	~……也……
27.	道理	dàolǐ	名（n.）	reason	讲~，有~
28.	无论	wúlùn	连（conj.）	no matter	无论……都/也……
29.	发展	fāzhǎn	动（v.）	to develop	~经济，社会~
30.	科技	kējì	名（n.）	science and technology	高~，信息~

注　释

zhúguāng wǎncān
1. 烛光晚餐（candlelight dinner）：关闭灯光、只用蜡烛照明的晚餐，富有浪漫情调。
yìjǔ-liǎngdé
2. 一举两得（to kill two birds with one stone）：做一件事，得到两方面的好处。

语言点讲练

一、"是否"

副词"是否"的意思是"是不是",一般用在动词前,也可用在主语前,句末可用"呢"。
The adverb "是否" means "是不是". It is generally used before a verb and sometimes used before a subject. "呢" can be used at the end of the sentence.

例:
1. 亲爱的朋友,您**是否**有更好的办法?
2. 这次会议王教授**是否**参加?
3. 我不知道王教授**是否**会参加这个会议。
4. **是否**能找回被偷的手机还需要等警察的通知。

"是否"后不能直接加名词性词语。
"是否" cannot directly lead a nominal word.

例:
5. 偷手机的人**是否**张三?(正确应为"是不是张三"。)

根据下面的情景,用"是否"说句子。
1. 你有很多问题想问老师,怎么礼貌地问老师?
2. 你要去旅行,打电话问旅行社关于接机、交通、食宿等问题。

二、"到底"

副词"到底"用于问句,表示进一步追究,想要得到一个确切的回答。用在动词、形容词或主语前(尤其主语是疑问代词时)。
The adverb "到底" is used in an interrogative sentence as further questioning for an exact answer. It is used before a verb, an adjective or a subject (especially when the subject is an interrogative pronoun).

例:
1. 生产的电不马上使用就浪费了,这**到底**算不算环保呢?
2. 火星上**到底**有没有生命呢?
3. **到底**是谁把教室的电脑弄坏了?

"到底"不能用于带"吗"的问句。

"到底" can not be used in an interrogative sentence with "吗".

例：

4. 你到底去吗？（正确应为"你到底去不去？"）

根据下面的情景，用"到底"说句子。

1. 有个朋友为了省钱，在打折时买了很多用不着的东西，你会怎么说？
2. 朋友们还没商量好什么时候出发，你等不及了。
3. 一个学生经常迟到、不写作业，老师会问他什么？

三、"算"

动词"算"还有"算作、当作、看作、认作"的意思，后面可用"是"。可加名词、动词、形容词或句子。

The verb "算" (to count) also means "算作，当作，看作，认作" (to be considered as). It can be followed by "是" and take a noun, a verb, an adjective or a sentence.

例：

1. 生产的电不马上使用就浪费了，这到底算不算环保呢？
2. 算我不对，你们两个别吵了。
3. 马丁可以算是我们班口语最好的学生了。
4. 奶奶年纪大了，可身体还算不错。

用"算"回答问题。

1. 你觉得中国的环境怎么样？
2. 今天的天气怎么样？
3. 一个留学生汉语说得很好，但是不会写汉字，你觉得他的汉语水平怎么样？

四、"即使……也……"

"即使……也……"表示假设出现某种情况，结果或结论也不会受影响或者发生改变。"即使"后的情况一般较为极端。

"即使……也……" indicates that the result or conclusion will not be affected or changed if a certain situation has happened. The situation that follows "即使" is often an extreme one.

例：

1. 为了追求环保而降低生活质量，即使环保了，意义也不大。

2. **即使**刮风下雨，我们**也**要坚持上课。
3. 上课就要多开口说话，**即使**说错了**也**没关系。
4. **即使**你不同意，我**也**要这么做。

"即使"与"哪怕""就算"用法一样，"哪怕""就算"多用于口语。
"即使" is used in the same way as "哪怕" and "就算", which tend towards colloquialism.

用"即使……也……"完成句子。

1. 环保很重要，_____。（赚钱、保护环境）
2. 他的演唱会很受欢迎，_____。（高价、买）
3. 你一定要坚持下去，_____。（困难、放弃）
4. 课后如果不认真复习，_____。（上课、忘光）
5. 三亚在热带，_____。（12月、30度）

五、"无论……都/也……"

"无论"与"不管"意思和用法基本一致，多用于书面语。"无论……都/也……"表示任何条件下结果或结论都不会改变。
"无论" is basically the same as "不管" in meaning and usage, though it is more frequently used in written language. "无论……都/也……" indicates that the result or conclusion will not be changed under any condition.

例：
1. **无论**是环保还是发展，**都**是为了更好的生活嘛。
2. **无论**工作有多忙，他**也**会抽出时间学习。
3. **无论**你同意还是不同意，我**都**要这么做。
4. **无论**你说什么，我**都**不相信。

用"无论"完成句子。

1. _____，我们都要继续努力。
2. _____，他都穿长袖。
3. _____，都给我打给电话说一声。
4. _____，他都会按时来上课。
5. _____，这件事都是你的错。

课文一 会话实践

一、根据短文的内容回答问题。

1. 通过什么方式获得信息比较环保？
2. 什么样的方法可以减少纸张的使用？
3. 离开房间前，应该做什么？
4. 开着水龙头刷牙是否合适？

二、根据提示复述。

A 两人一组一问一答，根据提示复述课文。

○ 保护环境是谁的责任？	○ 现在环境_____严重，保护环境，_____有责。
○ 买报纸和杂志环保吗？	○ 多_____手机、电脑等方式_____信息。
○ 可以打印文件吗？	○ _____纸张的使用，双面_____或_____。
○ 用纸杯不环保，应该怎么做？	○ 不用_____，自备水瓶、餐具。
○ 什么可以代替塑料袋？	○ _____带_____，不用塑料袋。
○ 离开房间前，应该做什么？	○ _____关灯，不要_____。
○ 使用空调要注意什么？	○ 空调不要调得_____高或_____低。
○ 一直开着水龙头好不好？	○ _____用水，_____关水龙头。
○ 应该怎样出行？	○ 少_____，多_____。
○ 应该怎样处理旧电池？	○ 旧电池不乱扔，放到_____。
○ 还有什么保护环境的方法？	○ _____破坏_____。

Ⓑ

现在环境……严重,保护环境,……。我们建议:多使用……获得信息。减少……,双面……。不用……,自备……。随身……,不用……。随手……,不要……。空调不要……。节约……,及时……。少……,多……。……不乱扔,放到……。禁止……。

三、讨论。

生活中有哪些保护环境的好习惯?

四、活学活用。

采访同学们,收集关于保护环境的建议,完成表格后模仿短文说一说。

姓名	建议

课文二 会话实践

一、根据对话的内容回答问题。

1. "地球一小时"是什么样的活动?
2. 马丁觉得关灯一小时可以做什么?
3. 保罗觉得"地球一小时"这个活动怎么样?
4. 环保的目的是什么?发展呢?环保与发展的关系是怎样的?

二、分角色朗读对话。

三、根据提示复述。

Ⓐ 两人一组一问一答，根据提示复述课文。

○　今天有什么活动？这个活动做什么？

○　马丁怎么看这个活动？

○　安娜怎么看这个活动？

○　保罗怎么看这个活动？

○　马丁同意保罗的话吗？

○　今天有个"＿＿＿＿"活动，晚上＿＿＿＿一小时。

○　马丁认为可以点上蜡烛，吃一顿＿＿＿＿，既＿＿＿＿又有＿＿＿＿，＿＿＿＿。

○　这个活动可以提高大家的＿＿＿＿。

○　＿＿＿＿的电不马上使用就浪费了，这＿＿＿＿算不算环保呢？而且节约＿＿＿＿不用。为了追求环保而＿＿＿＿生活质量甚至放弃发展，＿＿＿＿环保了，＿＿＿＿也不大。

○　保罗说得也＿＿＿＿。＿＿＿＿是环保还是＿＿＿＿，都是为了更好的生活嘛。再说，发展＿＿＿＿也能解决环境问题啊。

Ⓑ　林达告诉朋友们今天……，晚上……。马丁和安娜都愿意参加。马丁说可以……，吃……，既……又……，……。安娜觉得这个活动可以……。但是保罗……他们，说生产的电……。他反问大家，这……？保罗认为节约……，如果为了……而……甚至……，即使……，……也……。马丁听了保罗的话，觉得有……。因为无论是……还是……，都是……。再说，发展……也能……。

四、讨论。

"地球一小时"这个活动到底好不好？

五、活学活用。

除了"地球一小时"，你还知道什么环保活动？模仿课文说一个对话。

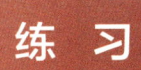

练习

一、模仿例子，扩展下列词语。

污染	垃圾会污染环境。→垃圾会污染环境，比如旧电池会污染土壤。→不少垃圾会污染环境，比如旧电池会污染土壤，因此我们一定要把垃圾分类丢弃。
浪费	
及时	
意义	
道理	

二、用下列生词和语言点，谈谈你对保护环境的看法。

生词　污染、浪费、节约、禁止、道理

语言点　是否、到底、无论……都/也……

三、小组讨论保护环境的原因和目的，并做汇报。

（提示：为了谁、安全、疾病、干净……）

原因	目的

四、讨论：哪些垃圾可以回收？回收后可以怎么利用？制成产品的话，你会购买吗？为什么买/不买？

拓 展

一、小组讨论并汇报：政府、企业和个人分别应该做什么来保护环境？

政府	企业	个人

二、辩论：环保和发展哪个更重要？谈谈你的观点并至少说出五个理由，然后全班分两队辩论。

我的观点	
我的理由	1.
	2.
	3.
	4.
	5.

三、根据本课学习的内容，设计一个调查问卷并采访十个不同性别、年龄和职业的中国人，看看他们的环保意识如何。

12 绿色出行

1. 选择、无奈
2. 评论各种出行方式
3. 了解并评论"共享单车"

热身准备

1. 在你的国家和中国，分别有哪些公共交通方式？
2. 在你的国家，你是否有私家车？每个月的花费是多少？
3. 在中国，你一般选择什么出行方式？你觉得是否方便？
4. 你觉得骑自行车出行好不好？为什么？

课文一　短文

　　公共交通有公交车、地铁、出租车，甚至还有共享单车。它可以满足大多数人的出行要求，而且价格经济实惠，同时也是解决城市交通拥堵的好办法。公共交通能节约能源，减少污染，改善城市环境，是绿色环保的出行方式。

　　比起公共交通，私家车最大的优点就是自由方便，可以提高出行效率。不用跟他人挤公交，不用担心换乘，不用赶末班车回家，不用担心风吹雨淋。总之，有了私家车，可以节省很多时间，可以重新认识你的城市，可以来一场说走就走的旅行。

1.	绿色	lǜsè	名 (n.) / 形 (adj.)	green	~食品/建筑/出行
2.	共享单车	gòngxiǎng dānchē	名 (n.)	bike-sharing	
3.	满足	mǎnzú	动 (v.)	to satisfy	~于……，~要求
4.	大多数	dàduōshù	名 (n.)	majority	~人
5.	出行	chūxíng	动 (v.)	to travel	~方式
6.	价格	jiàgé	名 (n.)	price	~高/低
7.	拥堵	yōngdǔ	动 (v.)	(traffic) to congest	交通~
8.	能源	néngyuán	名 (n.)	energy resource	绿色~，新~
9.	改善	gǎishàn	动 (v.)	to improve	~生活/环境

10. 私家车	sījiā chē	名 (n.)	private car	
11. 优点	yōudiǎn	名 (n.)	advantage	
12. 效率	xiàolǜ	名 (n.)	efficiency	工作~
13. 赶	gǎn	动 (v.)	to hurry; to catch up with	~车/地铁/飞机
14. 末班车	mò bān chē	名 (n.)	the last bus/train	
15. 风吹雨淋	fēngchuī-yǔlín		to be exposed to wind and rain	
16. 重新	chóngxīn	副 (adv.)	again	~开始/做/写

课文二 对话

（上课时，大家在讨论交通问题……）

老师：交通拥堵是个难题。就拿首都北京来说吧，因为拥堵严重，不得不要求私家车限号[1]出行。

马丁：所以我反对购买私家车。别的不说，单说尾气，就会污染环境、加重雾霾。

安娜：我认为政府应该多建地铁，否则解决不了拥堵的问题。

保罗：但是地铁又建不到家门口。

马丁：共享单车有助于缓解交通拥堵，解决"最后一公里"的问题。

安娜：对，去近的地方，与其浪费汽油钱，不如绿色出行，还能锻炼身体。

保罗：可是有些人随意停放共享单车，这反而影响了公共交通。

马丁：这就需要政府来管理了。

17. 首都	shǒudū	名 (n.)	capital	
18. 不得不	bùdébù		to have to	
19. 反对	fǎnduì	动 (v.)	to object to	
20. 尾气	wěiqì	名 (n.)	exhaust gas	
21. 雾霾	wùmái	名 (n.)	haze	
22. 政府	zhèngfǔ	名 (n.)	government	中国~
23. 否则	fǒuzé	连 (conj.)	otherwise	A，~B
24. 有助于	yǒuzhùyú	动 (v.)	to contribute to; to conduce to	

25. 缓解	huǎnjiě	动（v.）	to relieve	~疼痛/拥堵
26. 公里	gōnglǐ	量（mw.）	kilometer	一~
27. 随意	suíyì	形（adj.）	as one pleases	~点菜/进出
28. 反而	fǎn'ér	副（adv.）	on the contrary	
29. 管理	guǎnlǐ	动（v.）	to manage	~公司/职员

注 释

1. 限号（xiànhào）(to enforce traffic restrictions based on license numbers）：根据车牌尾号，限制车辆上路通行。

语言点讲练

一、"不得不"

"不得不"表示受某些条件、情况的限制，必须这样做，只能这样做。

"不得不" indicates that an action has to be done in a certain way because of the constraints of a certain condition or situation.

例：
1. 就拿首都北京来说吧，因为拥堵严重，**不得不**要求私家车限号出行。
2. 钱包丢了，手机也没电了，我们**不得不**找警察求助。

根据下面的情景，用"不得不"说句子。

1. 下雨了，但是你没带伞。
2. 突然生了重病，他要提前回国。
3. 保罗追求一个女孩子，但是她说她有男朋友。

二、"A，否则B"

连词"否则"表示如果不这样（A），会有什么样的结果（B）。B是从"否定A"推论出的结果或是另一种选择。常有劝诫、警告的语气。

The conjunction "否则" introduces what would happen (B) if a situation (A) didn't happen. B is a result of A not happening or another option. This structure is often used as an admonishment or warning.

例：
1. 我认为政府应该多建地铁，**否则**解决不了拥堵的问题。
2. 他肯定有重要的事找你，**否则**不会一连打这么多个电话。
3. 你最好认真复习，**否则**通过不了期末考试。

口语中也常用"A，否则的话，B"。

"A，否则的话，B" is often used in spoken language.

例：
4. 你最好早点儿告诉他，**否则的话**，他知道了非生气不可。

用"否则"完成句子。

1. 我们一定要从小事做起，保护环境，_____。
2. 我们要养成早睡早起的好习惯，_____。
3. 回国的机票要早点儿买，_____。
4. 你最好跟他解释一下，_____。

三、"有助于""有利于"

"有助于"的意思是"对……有帮助"。否定形式为"无助于"。
"有助于" means "对……有帮助" (to contribute to). The negative form is "无助于".

例：
1. 共享单车**有助于**缓解交通拥堵，解决"最后一公里"的问题。
2. 牛奶**有助于**睡眠。
3. 生气**无助于**解决问题。

"有利于"和"不利于"表示"对……有/没有好处"。
"有利于" and "不利于" mean "对……有/没有好处" (to benefit/to do harm to).

例：
4. 良好的生活习惯**有利于**身体健康，而熬夜则**不利于**身体健康。

请用"有助于"说一说。

1. 发展科技　　　　　　解决环境污染
2. 运动　　　　　　　　消化
3. 跟中国人聊天　　　　提高口语水平

四、"反而"

副词"反而"表示跟前文意思相反或出乎意料之外，有转折的作用。
The adverb "反而" is used as an adversative to mean that what follows is contrary to or unexpected from what comes before.

例：
1. 有些人随意停放共享单车，这**反而**影响了公共交通。
2. 他住得最近，**反而**来得最晚。

用"反而"完成句子。

1. 我向她道了歉，没想到_____。（生气）
2. 他生病了，不仅不休息，_____。（酒吧）
3. 为了身体健康，他吃了很多药，结果_____。（病）

课文一 会话实践

一、根据短文的内容回答问题。

1. 公共交通有哪些?
2. 公共交通是怎么样的出行方式?
3. 公共交通有什么缺点?
4. 私家车最大的优点是什么?

二、根据提示复述。

A 公共交通有公交车、_____、出租车，甚至还有_____。它可以_____大多数人的_____，而且_____经济实惠，同时也是解决城市_____的好办法。公共交通能节约_____，减少_____，_____城市环境，是_____环保的出行方式。

比起公共交通，私家车最大的_____就是自由方便，可以提高出行_____。不用跟他人_____，不用担心_____，不用赶_____回家，不用担心_____。总之，有了私家车，可以_____很多时间，可以_____认识你的城市，可以来一场_____的旅行。

B 公共交通有……，甚至……。它可以……，而且……，同时也……。公共交通能……，减少……，改善……，是……的出行方式。

比起……，私家车……就是……，可以提高……。不用……，不用……，不用……，不用……。总之，有了私家车，可以……，可以……，可以……。

三、讨论。

公共交通和私家车分别有什么优缺点?

四、活学活用。

你常用的出行方式是什么？为什么？模仿短文说一说。

课文二 会话实践

一、根据对话的内容回答问题。

1. 北京是怎么解决交通拥堵问题的？
2. 私家车有哪些缺点？
3. 去近的地方，什么出行方式比较环保？为什么？
4. 随意停放共享单车，有什么不好的影响？

二、分角色朗读对话。

三、根据提示复述。

A 两人一组一问一答，根据提示复述课文。

- ○ 交通拥堵为什么是个难题？

- ○ 马丁反对购买私家车的理由是什么？

- ○ 安娜认为应该怎么解决交通拥堵的问题？

- ○ 保罗怎么看"多建地铁解决拥堵"这个建议？

- ○ 就拿＿＿＿＿北京来说吧，因为＿＿＿＿严重，＿＿＿＿要求私家车＿＿＿＿出行。

- ○ 别的不说，单说＿＿＿＿，就会污染环境、加重＿＿＿＿。

- ○ ＿＿＿＿应该多建地铁，＿＿＿＿解决不了拥堵的问题。

- ○ 地铁又＿＿＿＿家门口。

○ "地铁建不到家门口"这个问题怎么解决？

○ 除了解决"最后一公里"的问题，共享单车还有什么好处？

○ 共享单车有什么问题？应该怎么解决？

○ 共享单车＿＿＿＿缓解交通＿＿＿＿，解决"＿＿＿＿"的问题。

○ 去近的地方，＿＿＿＿浪费汽油钱，＿＿＿＿绿色出行，还能＿＿＿＿。

○ 有些人＿＿＿停放共享单车，这＿＿＿影响了公共交通。这就需要＿＿＿了。

B

交通拥堵……。就拿……来说吧，因为……，不得不……。有人反对……，因为别的……，单说……，就会……、加重……。还有人认为政府……，否则……。但是有人说地铁……。共享单车有助于……，解决……。去……，与其……，不如……，还能……。可是有些人……，这反而……，但这需要……。

四、讨论。

共享单车有哪些优点？又有哪些缺点呢？

五、活学活用。

你的城市有什么交通问题？你觉得应该怎么解决？模仿课文说一个对话。

练习

一、模仿例子，扩展下列词语。

满足	让人相当满足。→这家自助餐的菜味道很好，让人相当满足。→这家自助餐的菜味道很好，而且价格实惠，让人相当满足。
价格	
效率	
重新	
反对	

二、用下列生词和语言点，谈谈你对交通拥堵原因的看法。

生词　大多数、出行、效率、满足、随意

语言点　不得不、否则、反而

三、调查同学们的出行情况，完成表格后介绍几位同学的情况。

姓名	出行方式？一周几次？	每周花费	每天出行时间多长？（含等车、步行等时间）	会遇到堵车吗？一周几次？	堵车时间有多长？

姓名	出行方式？一周几次？	每周花费	每天出行时间多长？（含等车、步行等时间）	会遇到堵车吗？一周几次？	堵车时间有多长？

四、头脑风暴：小组讨论交通拥堵原因和解决方法，并做汇报。

（提示：道路、红绿灯、汽车、汽油、行人……）

原因	解决方法

五、讨论下面这些情况中，最好的出行方式是什么？说出你的理由。

情况	出行方式	理由
在外地旅行		
去郊区野餐		
在小城市生活		
在北京生活		
赶飞机		
去健身房		
……		

一、采访同学们，调查不同国家各有什么解决交通拥堵的方法，并介绍一个适合中国的方法。

国家	方法	适合中国吗？为什么？

二、根据本课学习的内容以及你调查的解决方法，设计一个调查问卷并采访十个中国人，了解一下他们的出行方式、对交通拥堵的看法……

13 手机与生活

1.质问、不信任
2.介绍手机的功能
3.评论移动支付

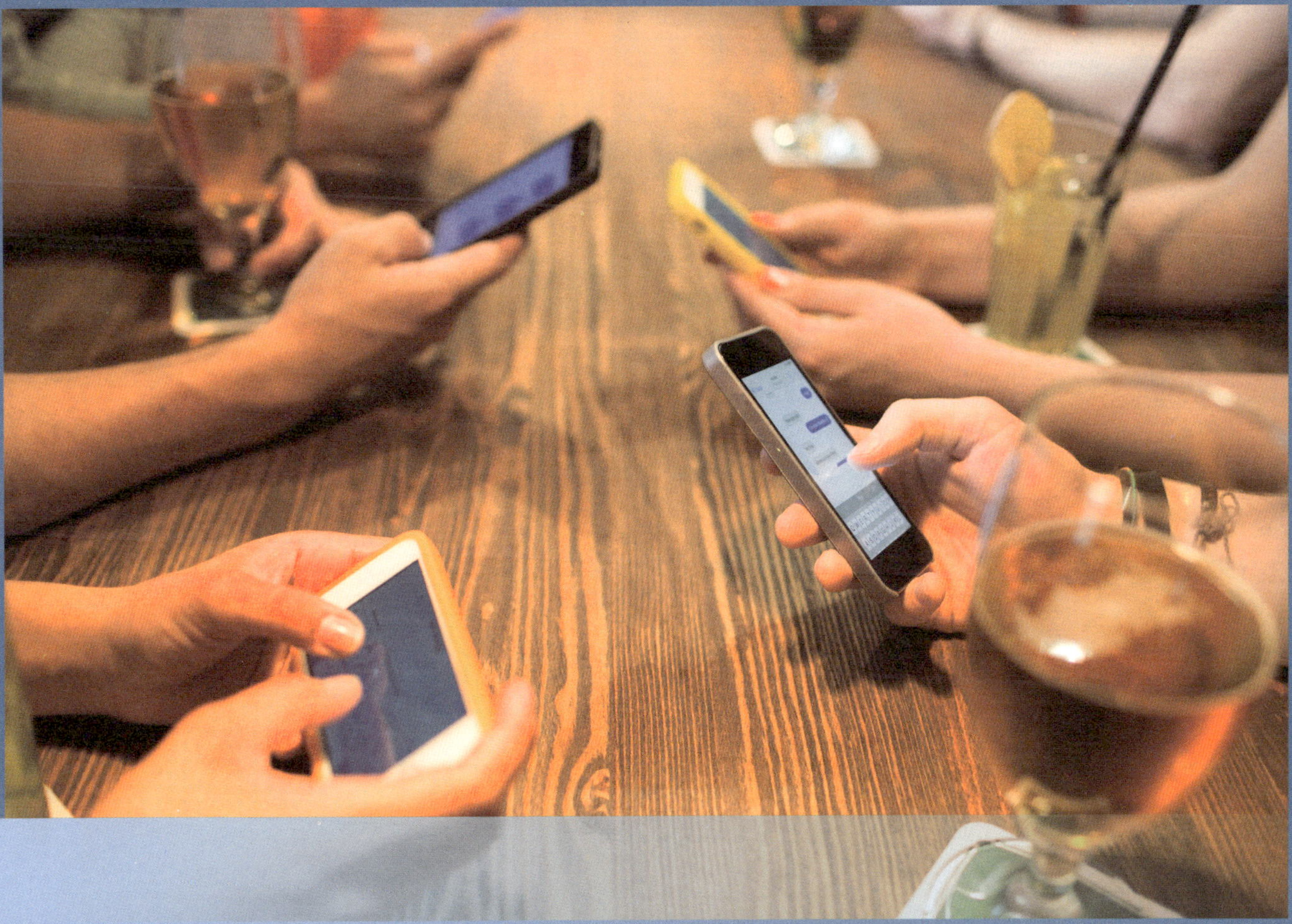

热身准备

1. 你用手机的原因是什么?
2. 你常用手机的哪些功能?
3. 你每天用多长时间手机?为什么?
4. 你觉得手机影响你的生活吗?
5. 出门忘了带手机,你会怎么样?

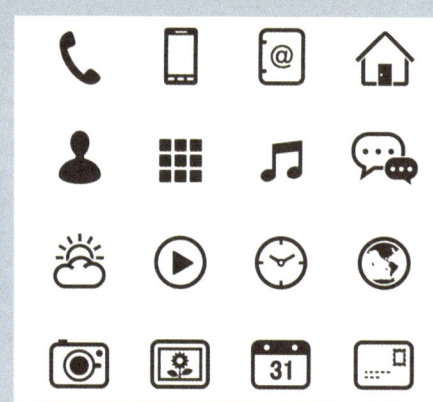

课文一 短文

(马丁在听新闻……)

手机究竟改变了生活的哪些方面呢?

社会交往方面,手机拉近了人与人之间的距离。以前书信要很久才能寄到,现在打电话、发短信,随时随地就能实现沟通。

工作方面,手机使工作效率得到了提高。收发邮件、查找信息、视频会议、时间管理等功能都能节省工作时间。

休闲方面,手机增加了娱乐活动的多样性。可以随时欣赏音乐、看视频、拍照片……

手机还改变了支付方式。出门不用带现金,消费后打开手机,扫一扫就能完成付款。

1.	与	yǔ	介 (prep.)	and; with	A~B
2.	究竟	jiūjìng	副 (adv.)	on earth	
3.	改变	gǎibiàn	动 (v.)	to change	有~,~世界/计划
4.	方面	fāngmiàn	名 (n.)	aspect	一个~
5.	社会	shèhuì	名 (n.)	society	
6.	交往	jiāowǎng	动 (v.)	to contact; to socialize	A跟B~

7. 之间	zhījiān	名 (n.)	between; among	A跟B~
8. 距离	jùlí	名 (n.)	distance	~近/远，有~
9. 短信	duǎnxìn	名 (n.)	message	发/收~，一条~
10. 实现	shíxiàn	动 (v.)	to realize	~理想/目标
11. 使	shǐ	动 (v.)	to make	
12. 邮件	yóujiàn	名 (n.)	mail/e-mail	发/收~，一封~
13. 会议	huìyì	名 (n.)	conference	
14. 功能	gōngnéng	名 (n.)	function	一项~
15. 节省	jiéshěng	动 (v.)	to save	~时间
16. 休闲	xiūxián	动 (v.)	leisure	~娱乐/活动
17. 增加	zēngjiā	动 (v.)	to increase	~收入/人数
18. 娱乐	yúlè	名 (n.) / 动 (v.)	entertainment; to entertain	一种~，~活动
19. 多样性	duōyàngxìng	名 (n.)	diversity	
20. 支付	zhīfù	动 (v.)	to pay	~现金
21. 消费	xiāofèi	动 (v.)	to consume	~品，高~
22. 扫	sǎo	动 (v.)	to scan; to sweep	~二维码；~地
23. 付款	fùkuǎn	动 (v.)	to pay the bill	

课文二 对话

（保罗的钱包丢了……）

保罗：真是倒霉透了，丢了不少钱呢。

马丁：你说你，随身带那么多现金干什么？手机支付不是更方便吗？

保罗：方便是方便，可是不安全啊。注册这些APP必须提供个人信息，还要绑定银行卡。万一哪儿出了问题，钱就被转走了。要我说，手机支付靠不住[1]。

马丁：你的担心有一定的道理。但是你要相信科技，现在手机需要密码、指纹甚至面部解锁，其他人根本打不开。即使手机丢了，资金也很安全。

保罗：听你这么一说，好像是这么回事。

马丁：心动了吧？来，我教你怎么用。

24. 倒霉	dǎoméi	形（adj.）	unlucky	（反义词：幸运）
25. 透	tòu	副（adv.）	thoroughly; completely	湿/坏/糟糕~了
26. 提供	tígōng	动（v.）	to provide	~信息/帮助
27. 个人	gèrén	形（adj.）	personal	~信息
28. 绑定	bǎngdìng	动（v.）	to bind	~手机号/银行卡
29. 转	zhuǎn	动（v.）	to transfer	~钱/账
30. 指纹	zhǐwén	名（n.）	fingerprint	
31. 面部	miànbù	名（n.）	face	
32. 解锁	jiěsuǒ	动（v.）	to unlock	
33. 其他人	qítā rén	名（n.）	other people	
34. 资金	zījīn	名（n.）	fund	~安全/来往

注 释

1. 靠不住（unreliable）：不可靠；不可信。

语言点讲练

一、"究竟"

副词"究竟"用在问句里，表示进一步追究，有加强语气的作用，多用于书面。口语常用"到底"。

The adverb "究竟" is used in an interrogative sentence to indicates further questioning in a stronger tone. It is mostly used in written language. "到底" is often used in spoken language.

例：
1. 手机**究竟**改变了生活的哪些方面呢？
2. 问题**究竟**出在哪里？**究竟**怎么样才能解决呢？

二、"使"

动词"使"有"让、叫"的意思，用于兼语句。

The verb "使" means "让，叫", and is used in a pivotal sentence.

例：
1. 手机**使**工作效率得到了提高。
2. 他的话**使**人感动。
3. 他的话一点儿也不**使**我感到意外。

用"使"回答问题。

1. 手机带给你哪些改变？
2. 听了优美的音乐，你有什么感觉？

三、"你说你"

"你说你"在口语中表示对对方的不满、埋怨等，也常用"你呀""你看你"等。

In spoken language, "你说你" expresses the dissatisfaction with or complaint of the other party. "你呀" and "你看你" are also used for similar purposes.

例：
1. **你说你**，随身带那么多现金干什么？
2. **你说你**，急什么啊，先让我把话说完。

四、"万一"

连词"万一"表示可能性极小的假设,一般表示不希望发生的事。可以与其他表示假设的连词连用,后面常用"就"。

The conjunction "万一" introduces a hypothesis of very low possibility, which is generally an unwanted situation. It can be used along with other conjunctions that indicate hypotheses, and is often followed by "就".

例:
1. **万一**哪儿出了问题,钱就被转走了。
2. **万一**下雨了,我就不去了。
3. 要是**万一**发生什么意外,你可以去找马丁。

口语中常用"万一……呢"来提问。
In spoken language, "万一……呢" is often used as a question.

例:
4. 你说的倒轻松,**万一**她不同意呢?

根据下面的情景,用"万一"说句子。
1. 网购的时候,你担心什么?
2. 谈恋爱时,你担心什么?
3. 来中国前,你有什么担心?

五、"要我说"

"要我说"在口语中常用来提出说话人的观点。
"要我说" is often used in spoken language to introduce the speaker's point of view.

例:
1. **要我说**,手机支付靠不住。
2. **要我说**,去近的地方,与其浪费汽油钱,不如绿色出行,还能锻炼身体。

课文一 会话实践

一、根据短文的内容回答问题。

1. 为什么说"手机拉近了人与人之间的距离"？
2. 在工作方面，手机有哪些功能？
3. 使用手机可以做哪些娱乐活动？
4. 怎么使用手机支付？

二、根据提示复述。

A 手机_____了生活的哪些_____呢？

_____方面，手机拉近了人与人_____的_____。以前_____要很久才能寄到，现在打电话、发_____，随时随地就能_____沟通。

_____方面，手机_____工作效率得到了提高。收发_____、查找信息、视频_____、时间管理等_____都能_____工作时间。

_____方面，手机_____了_____活动的多样性。可以随时_____音乐、看视频、拍照片……

手机还改变了_____方式。出门不用带_____，_____后打开手机，_____就能完成_____。

B 手机究竟……呢？

社会交往方面，手机……。以前书信……，现在……，随时随地……。

工作方面，手机……。收发……、查找……、视频……、时间……等……。

休闲方面，手机……。可以随时……

手机还改变了支付方式。出门……，消费后……，……就能完成……。

三、讨论。

手机改变了生活的哪些方面？

四、活学活用。

手机改变了你生活中的哪些方面？模仿短文说一说。

课文二　会话实践

一、根据对话的内容回答问题。

1. 保罗最近遇上什么倒霉事了？
2. 想要使用手机支付，你需要做什么？
3. 保罗为什么觉得手机支付靠不住？
4. 马丁认为手机支付很安全的理由是什么？

二、分角色朗读对话。

三、根据提示复述。

Ⓐ 两人一组，根据提示复述课文。

保罗

○ 真是_____了，丢了不少钱呢。

○ 方便是方便，可是不安全啊。_____这些APP必须_____信息，还要_____银行卡。_____哪儿出了问题，钱就被_____了。要我说，手机支付_____。

○ 听你这么一说，好像是这么_____。

马丁

○ _____，随身带那么多现金干什么？_____不是更方便吗？

○ 你的_____有一定的道理。但是你要相信科技，现在手机需要_____、_____甚至面部_____，_____根本_____。_____手机丢了，_____也很安全。

○ _____了吧？来，我教你怎么用。

Ⓑ

　　保罗认为手机支付……，可是……。注册……，还要……。万一……，钱就……。所以他觉得手机支付……。这次他的钱包丢了，丢了……，真是……。马丁劝他用……，不要随身……。虽然保罗的担心……，但是我们要……。现在手机需要……甚至……，其他人……。即使……，也……。听了马丁的话，保罗觉得好像……，所以有些……，马丁现在教他怎么用手机支付。

四、讨论。

手机支付有什么优点和缺点？

五、活学活用。

下面这些支付方式各有什么优缺点？你喜欢哪种方式？完成表格后，模仿课文说一个对话。

支付方式	优点	缺点
现金		
银行卡		
信用卡		
手机支付		
……		

一、模仿例子，扩展下列词语。

改变	老师改变了对他的看法。→他每天按时上课、完成作业、积极回答问题，老师改变了对他的看法。→开学第一天他迟到了而且没有带书，后来他每天按时上课、完成作业、积极回答问题，老师慢慢改变了对他的看法。
方面	
距离	
娱乐	
倒霉	

二、用下列生词和语言点，谈谈你对手机的看法。

生词　改变、实现、功能、交往、增加

语言点　究竟、使、万一

三、调查同学们使用智能手机的情况，完成表格后选择一位同学介绍一下。

（提示：学习、工作、社交、游戏、生活、新闻……）

姓名	每天用多久？	什么时候用？（吃饭、睡觉前……）	用途	推荐一个APP	推荐原因	手机影响生活吗？（睡眠、健康、视力……）

四、调查同学们使用手机支付的情况，完成表格后介绍一下大家使用或不使用的原因。

姓名	使用手机支付吗？	使用/不使用的原因

五、说一说：如果这个周末不让你用手机，你会怎么样？你会做什么？

拓 展

一、调查不同国家的常用支付方式，了解一下原因。

国家	支付方式	原因

二、手机支付在你的国家常见吗？受到欢迎吗？说说你的理由。

我的观点	
我的理由	1.
	2.
	3.
	4.
	5.

三、根据本课学习的内容以及你调查的内容，设计一个调查问卷并采访十个不同性别、年龄的中国人，了解一下中国人用手机的情况。

14 工作面试

1. 介绍、有把握
2. 做面试的自我介绍
3. 了解面试的回答方式

热身准备

1. 你工作过吗？那是什么工作？
2. 面试的时候，你紧张吗？
3. 面试的时候，应该穿什么样的衣服？
4. 面试官会问什么问题？

课文一 短文

（马丁在应聘一份实习工作……）

上午好！感谢各位给我这个面试机会，请允许我做一下自我介绍。我叫马丁，来自法国，现在在大学学习汉语，目前已通过汉语水平考试四级。我的爱好是旅行和烹饪，平常比较关心环境与动物保护、手机、互联网、科技等话题。我将来有意从事与中国有关的工作，尤其是与互联网行业有关的翻译工作。我今后想在中国发展，因此一直利用寒暑假在中国企业实习，积累了相关的经验。希望贵公司能给我这个机会，我百分之百不会令你们失望的！

1. 应聘	yìngpìn	动 (v.)	to apply for	~工作
2. 目前	mùqián	名 (n.)	now	
3. 级	jí	名 (n.)	level	数词+~
4. 烹饪	pēngrèn	动 (v.)	to cook	~美食
5. 平常	píngcháng	名 (n.)	ordinary days	
6. 互联网	hùliánwǎng	名 (n.)	the Internet	
7. 话题	huàtí	名 (n.)	topic	谈论一个~
8. 有意	yǒuyì	动 (v.)	to have a mind to	~做
9. 行业	hángyè	名 (n.)	industry	
10. 今后	jīnhòu	名 (n.)	future	

11. 寒暑假	hán shǔ jià	名（n.）	winter and summer vacations	
12. 企业	qǐyè	名（n.）	enterprise	著名~
13. 相关	xiāngguān	动（v.）	to relate to	与……~
14. 百分之	bǎifēnzhī	数（numeral）	percent	~+数词
15. 令	lìng	动（v.）	to make; to let	
16. 失望	shīwàng	动（v.）/形（adj.）	to disappoint; disappointing	A令B~，B对A~；很~

课文二 对话

（马丁自我介绍后，与面试官交谈……）

面试官：上一份实习，你主要负责哪些工作？

马　丁：当时我在市场部门做助理，主要工作内容有：市场调查、产品推广、客户接待、陪同翻译。

面试官：那你为什么对互联网行业有兴趣呢？

马　丁："互联网+[1]"是时代的发展方向，因此我很有兴趣。

面试官：你觉得我们为什么要选择你？

马　丁：首先，我对贵公司所在的互联网行业有一定的了解。其次，我有相关的工作经验。最后，我有合作精神，认真负责、积极主动，不怕一切困难。

面试官：对于工资，你有什么要求吗？

马　丁：比起工资，我更看重经验的积累和能力的提高。

面试官：好的，谢谢你参加面试，我们会尽快联系你。

马　丁：谢谢！辛苦各位了！

17. 主要	zhǔyào	形（adj.）	main	~问题/原因/目的
18. 部门	bùmén	名（n.）	department; office	政府~，销售~
19. 推广	tuīguǎng	动（v.）	to promote	~普通话，产品~
20. 客户	kèhù	名（n.）	customer; client	~服务
21. 接待	jiēdài	动（v.）	to receive	~客户/室

22. 陪同	péitóng	动 (v.)	to escort	~翻译/参观
23. 时代	shídài	名 (n.)	times	~潮流
24. 方向	fāngxiàng	名 (n.)	direction	
25. 所	suǒ	助 (particle)	used with a verb to introduce the receiver of the action	
26. 合作	hézuò	动 (v.)	to collaborate	A跟B~
27. 积极	jījí	形 (adj.)	positive	~作用
28. 一切	yíqiè	代 (pron.)	all	~问题/困难
29. 看重	kànzhòng	动 (v.)	to stress on	~知识/能力
30. 尽快	jǐnkuài	副 (adv.)	as soon as possible	~完成/回复

注 释

1. 互联网+（Internet+）：互联网与传统行业深度融合后的新形态。
　　hùliánwǎng

语言点讲练

一、"m分之n"

分数"n/m"的说法是"m分之n",此外有"百分之……""千分之……""万分之……"等。

A fraction "n/m" is pronounced in Chinese as "m分之n". In addition, there are "百分之……", "千分之……", "万分之……", etc.

例:
1. 1/3:**三分之一**
2. 5%:**百分之五**
3. 9‰:**千分之九**

说一说下面的数字。
1. 1/2
2. 4/5
3. 99%
4. 3‰

二、"令"

动词"令"同"使",有"让、叫"的意思,用于兼语句。极为正式。

The verb "令" is used in the same way as "使". It means "让,叫" and appears in a pivotal sentence. It is very formal.

例:
1. 希望贵公司能给我这个机会,我百分之百不会**令**你们失望的!
2. 优美的音乐**令**人愉快。

三、"所V.的N."

助词"所"用在及物动词前,使"所V."成为名词性短语,后接"的N.",多用于正式场合。

The particle "所" is used before a transitive verb to make "所 V." a noun phrase, which is followed by "的N.". This usage usually appears in formal situations.

例:
1. 我对贵公司**所在的互联网**行业有一定的了解。
2. 他**所说的话**令人感动。

四、"对（于）"

介词"对（于）"表示人、事物、行为的对待关系，后跟名词、动词（非助动词）、句子。可用在主语前后。"对（于）"后的名词是受事者。

The preposition "对（于）" is used to show how a person, thing or behavior is related. It is followed by a noun, a verb (non-auxiliary verb), or a sentence. It can be used before or after the subject. The noun appearing after "对（于）" is the recipient.

例：
1. 你对（于）工资有什么要求吗？/对（于）工资，你有什么要求吗？
2. 我们对（于）任何问题都要认真思考。/对（于）任何问题，我们都要认真思考。

"对"用途更为广泛，还可用于助动词、副词的前后。表示人与人的关系，只能用"对"。

"对" is more widely used and can appear before or after an auxiliary verb or an adverb. For the relationship between people, only "对" can be used.

例：
3. 她的男朋友对她很好。
4. 马丁对"互联网+"很感兴趣。
5. 学汉语时，对我来说，最难的是汉字。
6. 老师一定会对这个问题做出解释的。

用"对"或"对于"填空。

1. 他一向_____学习很认真。
2. 发脾气_____解决问题没有帮助。
3. 张教授_____这个问题很有研究。
4. _____这个语法，我也不是很懂。

课文一 会话实践

一、根据短文的内容回答问题。

1. 马丁的汉语水平怎么样?
2. 马丁有什么爱好?
3. 马丁关心什么话题?
4. 马丁将来想做什么样的工作?
5. 寒暑假的时候,马丁都做了什么?

二、根据提示复述。

A 上午好! _____各位给我这个_____,请_____我做一下_____。我叫马丁,来自法国,现在在大学学习汉语,_____已通过汉语水平考试_____。我的爱好是旅行和_____,_____比较关心_____保护、手机、_____、科技等_____。我将来_____从事与中国有关的工作,_____是与互联网_____有关的翻译工作。我_____想在中国发展,因此一直利用_____在中国_____实习,积累了_____的经验。希望贵公司能给我这个机会,我_____不会令你们_____的!

B

上午好! 感谢各位……,请允许我……。我叫……,来自……,现在……,目前……。我的爱好是……,平常比较关心……等话题。我将来有意……,尤其是……。我今后……,因此……,积累了……。希望贵公司……,我百分之百……的!

三、讨论。

马丁为什么说他不会令面试的公司失望?

四、活学活用。

现在你要参加工作面试，模仿短文准备一个自我介绍。

课文二 会话实践

一、根据对话的内容回答问题。

1. 市场部门助理的工作内容有哪些?
2. 马丁为什么对互联网行业有兴趣?
3. 马丁有什么优势?
4. 马丁觉得工资重要吗? 为什么?

二、分角色朗读对话。

三、根据提示复述。

A 两人一组，根据提示复述课文。

 面试官

○ 上一份实习，你_____负责哪些工作？

○ 那你为什么对_____行业有兴趣呢？

○ 你觉得我们为什么要_____你？

○ _____工资，你有什么要求吗？

○ 好的，谢谢你参加面试，我们会_____联系你。

 马丁

○ 当时我在市场_____做_____，主要工作_____有：市场调查、产品_____、客户_____、_____翻译。

○ "互联网+"是_____的发展_____，因此我很有兴趣。

○ 首先，我对贵公司_____互联网行业有一定的了解。_____，我有_____的工作经验。最后，我有_____精神，认真负责、_____主动，不怕_____困难。

○ 比起工资，我更_____经验的_____和能力的_____。

○ 谢谢！辛苦各位了！

B

　　上一份实习，马丁在……，主要负责市场……、产品……、客户……、……翻译。他认为"互联网+"是……，因此他……。马丁觉得这个公司选择他的理由有三个：首先，他对……有一定的了解。其次，他有……经验。最后，他有……精神，认真……、……，不怕……。比起工资，马丁更看重……。

四、讨论。

马丁能得到这份工作吗？为什么？

五、活学活用。

现在你参加一个工作面试，模仿课文说一个对话。

练 习

一、模仿例子，扩展下列词语。

目前	目前这个病还治不了。→目前这个病还治不了，医生只能给他开一些药减轻疼痛。→目前这个病还治不了，医生只能给他开一些药减轻疼痛，尽量不影响他的生活。
平常	
主要	
失望	
尽快	

二、用下列生词和语言点，谈谈你的理想工作。

生词　　今后、有意、行业、企业、相关

语言点　　所V.的N.、令、对（于）

三、调查同学们平常比较关注的话题及原因。

姓名	话题	原因

四、说一说你的打工、实习或工作经历。

(提示:从事、行业、企业、有关、内容……)

五、调查同学们想从事的行业与职业,请他们谈谈自己的优势与劣势,完成表格后选择一位同学介绍一下。

姓名	行业	职业	优势	劣势	怎么做?

拓 展

一、头脑风暴：小组讨论员工辞职的可能原因并做汇报。

（提示：升职、加薪、发展、责任、同事、领导……）

二、头脑风暴：小组讨论企业看重员工的哪些方面并做汇报。

（提示：能力、效率、认真、态度、沟通……）

三、根据本课学习的内容及讨论的信息，深入采访两个中国人，了解并汇报他们的工作经历。

15 过节有讲究

1. 劝告、责备
2. 了解中国的传统节日
3. 了解过春节的讲究

热身准备

连一连：把节日与图片连起来

春节　　　中秋节　　　端午节　　　清明节　　　元宵节　　　国庆节

课文一 短文

　　春节是中国最重要、最热闹的节日。辛苦了一年的人们，在此时辞旧迎新[1]。全家团圆吃饺子，走亲访友[2]送祝福。

　　清明节这一天，人们一大早就去给去世的亲人扫墓。扫完墓，人们会去郊外呼吸呼吸新鲜的空气，欣赏一下春天的美景。

　　端午节时，人们常常吃粽子[3]、赛龙舟[4]来纪念伟大诗人屈原[5]。他的爱国精神感动了中国人民。

　　中秋节的月亮又大又圆、特别明亮，全家团聚在一起赏月、吃月饼。而出门在外的人却只能"举头望明月，低头思故乡[6]"了。

1. 团圆	tuányuán	动 (v.)	to have a reunion	全家~
2. 去世	qùshì	动 (v.)	to pass away	
3. 亲人	qīnrén	名 (n.)	relatives	
4. 扫墓	sǎomù	动 (v.)	to attend to the tomb (of deceased relatives)	
5. 郊外	jiāowài	名 (n.)	suburb	
6. 呼吸	hūxī	动 (v.)	to breathe	
7. 美景	měijǐng	名 (n.)	beautiful scenery	
8. 纪念	jìniàn	动 (v.)	to commemorate	~他/品
9. 伟大	wěidà	形 (adj.)	great	~的n.
10. 诗人	shīrén	名 (n.)	poet	一位~
11. 明亮	míngliàng	形 (adj.)	bright	灯光~，~的眼睛

注 释

1. ^{cíjiù-yíngxīn}辞旧迎新（to bid farewell to the old and usher in the new）：告别旧的（一年），迎接新的（一年）。

2. ^{zǒuqīn-fǎngyǒu}走亲访友（to visit relatives and friends）：拜访亲戚和朋友。

3. ^{zòngzi}粽子（a pyramid-shaped dumpling made of glutinous rice, usually eaten during the Dragon Boat Festival）：由粽叶包裹糯米蒸制而成的传统食品。

4. ^{Lóngzhōu}龙舟（dragon boat）：龙形的船。

5. ^{Qū Yuán}屈原（a Chinese poet in the 3rd century BC）：中国战国时期的伟大诗人。

6. ^{Jǔ tóu wàng míngyuè   dī tóu sī gùxiāng}举头望明月，低头思故乡（Lifting myself to look, I found that it was moonlight; sinking back again, I thought suddenly of home.）：唐代诗人李白的著名诗句。

课文二 对话

（要过年了，到处都能感受到春节的气氛……）

马丁：中国人过年都做什么？

白雪：那可就多了，比如二十四[1]大扫除啦，大年初一去拜年啦。欸，对了，你知道拜年时都要说什么吉利话吗？

马丁："恭喜发财[2]、红包拿来"嘛。

白雪：哪儿有自己要红包的？太没礼貌了。你应该说"过年好""万事如意[3]""新年快乐"什么的。

马丁：拜年时送什么礼物？水果点心行吗？

白雪：当然可以，"礼轻情意重[4]"嘛。心意最重要，不过千万不能送梨。

马丁：为什么？

白雪：梨的谐音是"离"，意思不吉利。而且送礼要送双，好事成双[5]嘛。

马丁：还有什么讲究吗？

白雪：最好穿一身颜色喜庆的新衣服，这样才有年味儿。

马丁：没想到过年有这么多讲究！

12. 气氛	qìfēn	名 (n.)	atmosphere	浪漫/友好的~
13. 大扫除	dàsǎochú	名 (n.)	a great house cleaning	
14. 初一	chūyī	名 (n.)	the first day of a month in the Chinese lunar calendar	
15. 拜年	bàinián	动 (v.)	to pay a New Year call	A给B~
16. 吉利	jílì	形 (adj.)	lucky	~话
17. 礼貌	lǐmào	名 (n.) / 形 (adj.)	politeness; polite	有/讲~；不~
18. 情意	qíngyì	名 (n.)	affection; goodwill	~深
19. 千万	qiānwàn	副 (adv.)	(used as a stress) to be sure to	~+否定
20. 梨	lí	名 (n.)	pear	
21. 谐音	xiéyīn	名 (n.)	homophone	
22. 喜庆	xǐqìng	形 (adj.)	joyous	~事儿
23. 年味儿	nián wèir	名 (n.)	the New Year atmosphere	有~

注释

1. 二十四（ěrshísì）（the 24th day of the 12th month in the Chinese lunar calendar）：这里指农历腊月二十四。
2. 恭喜发财（gōngxǐ fācái）（May you be happy and prosperous!）：节日吉利语。
3. 万事如意（wànshì rúyì）（May everything be fine for you!）：节日吉利语。
4. 礼轻情意重（lǐ qīng qíngyì zhòng）（The gift is small but the feeling is profound.）：礼物虽然很轻，情意却很深厚。
5. 好事成双（hǎoshì chéngshuāng）（Good things come in pairs.）：节日吉利语。

语言点讲练

一、"来"

"来"用于动词与动词中间，表示前者是方法、方向或态度，后者是目的。

"来" is used between two verbs to indicate that the former serves as the method, direction or attitude, and the latter is the purpose.

例：
1. 端午节时，人们常常吃粽子、赛龙舟来纪念伟大诗人屈原。
2. 下雨了，他随手拿起一本书来当雨伞。
3. 你打算用什么办法来解决这个难题？

请用"来"说一说。

1. 吃蛋糕　　　　　庆祝生日
2. 旅行　　　　　　纪念毕业
3. 相亲　　　　　　认识男/女朋友

二、"哪儿有……的(N.)"

"哪儿有……的(N.)"用在口语中，通过反问句来表示对对方的批评和责备，也常用"哪儿能……""怎么能……"等。

In spoken language, "哪儿有……的(N.)" is to used express criticism and admonishment on the other party through a rhetorical question. This structure can also be used as "哪儿能……", "怎么能……", etc.

例：
1. 哪儿有自己要红包的？太没礼貌了。（哪儿能自己要红包？）
2. 哪儿有不问就拿的道理？你这是偷。（哪儿能不问就拿？）

根据下面的情景，用"哪儿有……的(N.)"说句子。

1. 同屋经常不上课，你怎么批评他？
2. 同屋经常在床上吃零食，你会说什么？
3. 同屋经常不戴耳机看电影（打游戏……），影响了你，你怎么批评他？

三、"千万"

副词"千万"的意思是"务必、一定",表示恳切地嘱咐,只用于祈使句。一般用否定式,后常有"别、不要、不能"等;肯定句后常有"要、得"等。

The adverb "千万" means "to make sure" in the tone of an earnest exhortation, and is only used in imperative sentences. It is usually used in the negative form and is often followed by "别, 不要, 不能". When used in the positive form, it is often followed by "要, 得" and so on.

例:
1. 心意最重要,不过**千万**不能送梨。
2. 这件事你**千万**别忘了告诉他啊。
3. 你**千万**记得提醒他一下啊。

根据下面的情景,用"千万"说句子。

1. 你跟朋友说了一个秘密,不想让他告诉别人。
2. 考试前,老师让你们不要粗心。
3. 小时候,当你过马路的时候,妈妈会说什么?

用"千万"或"一定"填空。

4. 马上要考试了,我_____要认真复习。
5. 哪儿不舒服一定要尽快告诉我,_____不要忍着。
6. 王教授不_____参加这次会议。

课文一 会话实践

一、根据短文的内容回答问题。

1. 人们过春节都做什么?
2. 清明节人们扫完墓为什么去郊外?
3. 人们怎么纪念伟大诗人屈原?
4. 中秋节的月亮有什么跟平时不一样的地方?

二、根据提示复述。

A 两人一组一问一答，根据提示复述课文。

○ 中国人最重要、最热闹的节日是什么？

○ 春节的时候，人们做什么？

○ 纪念先人的是什么节日？这一天人们都做什么？

○ 端午节是为了纪念谁？为什么纪念他？

○ 中秋节人们都做什么？

○ 春节是中国最重要、最_____的节日。

○ 辛苦了一年的人们，在此时_____。全家_____吃饺子，_____送祝福。

○ 清明节这一天，人们一大早就去给_____的亲人_____。扫完墓，人们会去_____呼吸呼吸_____的空气，欣赏一下春天的_____。

○ 端午节时，人们常常吃_____、赛龙舟来_____伟大诗人屈原。他的_____感动了中国人民。

○ 中秋节的月亮又大又圆、特别_____，全家_____在一起_____、吃_____。而出门在外的人却只能"举头望明月，低头_____"了。

B

春节是中国最……、最……的节日。辛苦了一年的人们，在此时……。全家……，走亲访友……。

清明节这一天，人们一大早就……。扫完墓，人们会去……，欣赏……。

端午节时，人们常常吃……、赛……来纪念……。他的……精神……。

中秋节的月亮……，全家……。而……的人却只能"……，……"了。

三、讨论。

中国有哪些传统节日?

四、活学活用。

模仿短文说一说你们国家的传统节日。

课文二 会话实践

一、根据对话的内容回答问题。

1. 中国人过年都做什么?拜年时说什么吉利话?
2. 说吉利话时,为什么不能说"红包拿来"?
3. 拜年时,为什么不能送梨?
4. 过年时,要穿什么样的衣服?

二、分角色朗读对话。

三、根据提示复述。

Ⓐ 两人一组,根据提示复述课文。

 马丁

 白雪

○ 中国人过年都做什么？

○ 那可就多了，比如二十四＿＿＿＿啦，大年初一去＿＿＿＿啦。欸，对了，你知道拜年时都要说什么＿＿＿＿吗？

○ "＿＿＿＿、红包拿来"嘛。

○ 哪儿有自己要红包的？太＿＿＿＿了。你应该说"过年好""＿＿＿＿""新年快乐"什么的。

○ 拜年时送什么礼物？水果点心行吗？

○ 当然可以，"礼轻＿＿＿＿"嘛。心意最重要，不过＿＿＿＿不能送梨。

○ 为什么？

○ 梨的＿＿＿是"离"，意思＿＿＿＿。而且送礼要送双，＿＿＿＿嘛。

○ 还有什么讲究吗？

○ 最好穿一身颜色＿＿＿＿的新衣服，这样才有＿＿＿＿。

○ 没想到过年有这么多讲究！

B 中国人过年有很多讲究，比如二十四……、大年初一……。拜年时还要说……，比如"恭喜……""过年好""万事……""新年……"什么的。不能自己……，因为太……了。拜年时"……"，……最重要，送……就可以了，不过……送梨。因为梨的谐音是"……"，意思……。而且送礼要……，好事……。最好穿……的新衣服，这样才……。

四、讨论。

中国人过年做什么？有什么讲究？

五、活学活用。

你的国家最重要的节日是什么？人们做什么？说什么？送什么礼物？……模仿课文说一个对话。

一、模仿例子,扩展下列词语。

团圆	春节是一个全家团圆的节日。→春节是一个全家团圆的节日,同时也是中国最重要、最热闹的传统节日。→春节是一个全家团圆的节日,同时也是中国最重要、最热闹的传统节日,忙碌了一年的人们在这个时候放松身心、走亲访友。
郊外	
纪念	
气氛	
礼貌	

二、用下列生词和语言点,谈谈你的国家送礼的讲究。

生词　走亲访友、气氛、吉利、礼貌、情意

语言点　来、千万

三、调查:在下面的这些节日,中国人做什么?

节日	时间	做什么
元宵节		
七夕		
重阳节		
国庆节		
元旦		
……		

根据本课学习的内容采访一些中国人，了解一下中国人过年做什么、有什么讲究……

语言点讲练参考答案

第1课 学汉语

一、"对……来说"
1. 对我来说，最难的是汉字/发音。
2. 对我来说，多读多写最有效果。
3. 对我来说，我喜欢的工作就是好工作。

二、"一点儿……不/没……"
1. 他一点儿作业也没写。
2. 因为要开车，马丁一点儿酒都没喝。
3. 中文电影我一点儿都看不懂。
4. 他说的话一点儿都没错。

三、"既……又……"
1. 学好汉语，既能方便旅游又能找到好工作。
2. 我觉得中国既广阔又美丽。
3. 中国菜既好吃又便宜。
4. 骑自行车既能锻炼身体又能减少污染。

四、"（在）A的同时还/也B"
1. 生病了，吃药的同时也要注意多休息。
2. 工作的同时也要注意放松。
3. 夏天到了，大家都喜欢去游泳，但是游泳的同时也要注意安全。
4. 在旅行的同时可以了解一个地方的文化，所以我喜欢旅行。

第2课 压力山大

一、"此外"
1. 我有压力。我的压力来自学习，此外适应这儿的生活也带给我一些压力。
2. 升职会加薪，此外还可以提高自己的工作能力。
3. 我对中国文化很感兴趣，此外将来想在中国工作。
4. （旅游可以）放松心情，此外还可以吃很多好吃的东西。

二、"值得"
1. 有什么值得哭的？
2. 有什么值得难过的？
3. 没有什么值得伤心的。
4. 不值得特意跑过去吃。

三、"早知道A，还不如B"
1. 早知道奶茶这么难喝，我还不如喝可乐呢。
2. 早知道火锅这么辣，我还不如吃披萨呢。
3. 你早知道考试只考了30分，还不如认真学习呢！
4. 早知道会迟到，被老师批评，还不如早点儿起床。

四、"……，再说，……"

1. 感冒了，别喝酒了，再说，喝酒也对身体不好，还是喝水吧。
2. 明天要考试了，我不去，再说，我也不喜欢去酒吧。
3. 别买了，你已经有很多名牌鞋了，再说，你最近不是也没钱了吗？

五、"拿……来说"

1. 拿我来说吧，一有压力就去唱歌。
2. 拿马丁来说吧，他考了95分。
3. 拿吃饭来说吧，打开手机就能叫外卖。
4. 拿微信来说吧，可以发消息、打电话、付钱……特别好用。

第3课　各有所好

一、"别说A，（就）连B也/都……"

1. 最近没钱了，别说买最新的手机了，就连吃饭都只能去食堂了。
2. HSK6特别难，别说外国人了，就连中国人也有通不过的。
3. 老师，今天的作业太多了，别说一个晚上了，就连三天不睡觉地写，我也做不完啊。

二、"哪怕A，也/都B"

1. 哪怕再难也不能放弃！加油！
2. 马丁很认真，哪怕不睡觉也要把作业做完。
3. 哪怕出门散散步都比你一直待在家里好啊。

三、"恨不得"

1. 他恨不得住在健身房。
2. 我恨不得打自己的嘴。
3. 我恨不得连觉都不睡来复习。

四、"什么（n.）都……"

1. 马丁什么比赛都爱看。
2. 什么美食保罗都喜欢。
3. 林达什么肉都不吃。

五、"再也不……了"

1. 一点儿也不好吃，还这么贵，我再也不去了。
2. 他再也不能踢球了。

第4课　民以食为天

一、"由于"

1. ✗ 改为：他因为不好好学习，所以考得不好。
2. ✗ 改为：由于汉字较难，因此留学生需要花较长时间练习汉字。
3. ✗ 改为：昨天我没有来上课，因为生病了。

二、"比如"和"例如"	1. 我吃过很多中国菜，比如北京烤鸭。 2. 我去过不少国家，比如美国、巴西等等。 3. 我会很多种语言，比如英语、汉语…… 4. 我的爱好特别多，比如旅行、看书……
三、"因此"	1. 因此常跟父母视频聊天。 2. 因此身体越来越糟糕。 3. 因此胖了不少。
四、"不然"	1. 不然我就生气了啊。 2. 不然就跟不上。/不然就是在健身房运动。 3. 不然会感冒。 4. 不然就去问马丁。

第5课　游遍中国

一、"不仅……而且/还……"	1. 北京不仅是中国的首都，还是世界历史文化名城。 2. 安娜不仅顺利通过了HSK考试，而且在中国找到了工作。 3. 这次周末远足，同学们不仅欣赏了美丽的郊外风光，还开心地享用了野餐。
二、"A是A"	1. 我想去是想去，但是明天早上有课，还是不去了。 2. 跟团游好是好，可是我不喜欢走马观花式的旅行。 3. 四川菜好吃是好吃，可是我一吃辣肚子就疼，所以我不去了。
三、"比起……（来）"	1. 比起宅在家，我更喜欢去各地旅行。 2. 比起市区的房价，郊区的可是便宜多了。 3. 比起猫来，我更喜欢狗。
四、"V.+得/不过来"	1. 管不过来 2. 数不过来 3. 玩不过来
五、"不妨"	1. 你不妨打的去 2. 不妨吃一片 3. 不妨说出来

第6课 健康的生活习惯

一、"尽管"
1. 他尽管感冒发烧了,可是仍然坚持来上课。
2. 尽管我已经长大了,可妈妈仍然觉得我是小孩儿。
3. 尽管在中国已经生活了一段时间了,可我还是有点儿不习惯这儿的生活。

二、"往往"
1. ✗ 改为:他常常迟到。
2. ✗ 改为:我希望能常常参加这种活动。
3. ✓

三、"甚至"
1. 甚至周末也在加班
2. 甚至最好的学生也没通过
3. 很多人甚至都感冒了

四、"总之"
1. 总之不好的生活习惯会引起亚健康
2. 总之大家各有所好
3. 总之各地有各地的特色

五、"根据" (无)

第7课 躲不开的广告

一、"便" (无)

二、"只见" (无)

三、"与其A不如B"
1. 与其相信广告,不如相信自己的判断。
2. 下班的时候车堵得厉害,与其打的,不如坐地铁。
3. 与其后悔考得不好,不如考前好好儿学习。

四、"V.都V.不C"
1. 老师布置了很多作业,我写都写不完。
2. 朋友请我吃饭,点了很多菜,吃都吃不完。
3. 票卖光了,买都买不到。

五、"轻易" (无)

六、"随便"	1. 随便 2. 轻易 3. 随便 4. 随便 5. 轻易

第8课　宠物好萌

一、"并且"	1. 并且还爱干净 2. 并且还很舒适 3. 并且把孩子带走了 4. 并且能迅速解决问题
二、"一来……，二来……"	（略）
三、"另外"	1. 另外还可以陪我 2. 大家又想了另外的办法 3. 另外还爱干净 4. 我另外再买
四、"倒（是）"	1. 养猫的人倒是越来越多 2. 我倒不这么认为 3. 发音倒是比写汉字难

第9课　性格与外貌

一、"A……，而B则……"	1. 中国北方人爱吃面食，而南方人则爱吃米饭。 2. 中国人用筷子吃饭，而西方人则用刀叉。 3. 保罗喜欢运动，而马丁则爱好看书。
二、"无所谓"	1. 对我来说，年龄无所谓。 2. 只要我喜欢这个工作，工资无所谓。 3. 几点出发我都无所谓。
三、"敢/不敢"	1. 我能通过HSK4级考试，但我可不敢说我能通过5级。 2. 不敢说全适应了，但是差不多都适应了。 3. 我可不敢保证能得满分。
四、"跟A相比，B……"	1. 跟年龄相比，性格更重要。 2. 跟恐怖片相比，我更喜欢动作片。 3. 跟中国相比，我的国家小一些，人口也少一些。

第10课 "剩男""剩女"

一、"不管……都/也……"
1. ✓
2. ✗ 改为：不管他做多困难的工作，他都非常认真。
3. ✓
4. ✗ 改为：大家的意见，不管好坏，我都会考虑。

二、"V.来V.去"
1. 逛来逛去都没有买到合适的鞋子。
2. 我想来想去，最后决定去西安旅行。
3. 我比来比去，最后买了一件便宜的。

三、"A不A不重要"
1. 喝不喝酒不重要，最要的是认识些新朋友嘛。
2. 唱得好不好无所谓，重要的是放松一下。
3. 贵不贵无所谓，好吃就行了。

四、"以……为……"
1. 我以通过HSK6为目标。
2. 我的压力以学习上的压力为主。
3. 我生活中以学习为乐。

五、"为（了）……而……"
1. 我不会为了结婚而参加相亲活动。
2. 我会为了爱情而结婚。
3. 我为了能在中国工作而来中国学习汉语。

第11课 保护环境，人人有责

一、"是否"
1. 老师，您现在是否有空儿？
2. 你们是否安排接机？

二、"到底"
1. 打折是打折，但是你买了这么多用不着的东西，这到底算不算省钱啊？
2. 咱们到底什么时候出发啊？
3. 你到底还想不想学习了？

三、"算"
1. 中国的环境不算特别好。
2. 天气还算不错。
3. 这不算真的会汉语。

四、"即使……也……"	1. 即使少赚钱也要保护环境。 2. 即使出高价也买不到票。 3. 即使有再多的困难也不要放弃。 4. 即使上课认真听讲也会忘光。 5. 即使12月，气温也有30度。	
五、"无论……都/也……"	1. 无论成功还是失败/能不能成功 2. 无论天气冷还是热/天气怎么样 3. 无论你来或者不来/你来不来 4. 无论刮风还是下雨/天气怎么样 5. 无论你怎么解释	

第12课 绿色出行

一、"不得不"	1. 下雨了，但是我没带伞，不得不淋着雨回宿舍。 2. 突然生了重病，他不得不提前回国。 3. 保罗追求一个女孩子，但是她说她有男朋友，保罗不得不放弃了。
二、"A，否则B"	1. 否则环境污染会越来越严重。 2. 否则生病了，难受的是自己。 3. 否则就买不到了。 4. 否则他会误会你的。
三、"有助于""有利于"	1. 发展科技有助于解决环境污染。 2. 运动有助于消化。 3. 跟中国人聊天有助于提高口语水平。
四、"反而"	1. 她反而更生气了 2. 反而去酒吧喝酒 3. 反而病得更严重了

第13课 手机与生活

一、"究竟"	（无）
二、"使"	1. 手机使我的生活变得更加方便。 2. 优美的音乐使我的心情愉快。
三、"你说你"	（无）

四、"万一"　　　　　　　　　　1. 万一钱被人转走了怎么办。
　　　　　　　　　　　　　　　 2. 万一分手了，我会很伤心。
　　　　　　　　　　　　　　　 3. 万一不适应这儿的生活，生病了怎么办。

五、"要我说"　　　　　　　　　（无）

第14课　工作面试

一、"m分之n"　　　　　　　　1. 二分之一
　　　　　　　　　　　　　　　 2. 五分之四
　　　　　　　　　　　　　　　 3. 百分之九十九
　　　　　　　　　　　　　　　 4. 千分之三

二、"令"　　　　　　　　　　　（无）

三、"所V.的N."　　　　　　　　（无）

四、"对（于）"　　　　　　　　1. 对
　　　　　　　　　　　　　　　 2. 对/对于
　　　　　　　　　　　　　　　 3. 对
　　　　　　　　　　　　　　　 4. 对/对于

第15课　过节有讲究

一、"来"　　　　　　　　　　　1. 在生日派对上，人们常常吃蛋糕来庆祝生日。
　　　　　　　　　　　　　　　 2. 他们三个去旅行来纪念大学毕业。
　　　　　　　　　　　　　　　 3. 中国人通过相亲来认识男/女朋友。

二、"哪儿有……的（N.）"　　　1. 哪儿有不学习的学生？
　　　　　　　　　　　　　　　 2. 哪儿有在床上吃饭的？快下来。
　　　　　　　　　　　　　　　 3. 哪儿有打游戏不戴耳机的？

三、"千万"　　　　　　　　　　1. 千万不要告诉别人。
　　　　　　　　　　　　　　　 2. 考试的时候，千万不要粗心！
　　　　　　　　　　　　　　　 3. 过马路的时候，千万要小心。
　　　　　　　　　　　　　　　 4. 一定
　　　　　　　　　　　　　　　 5. 千万
　　　　　　　　　　　　　　　 6. 一定

生词表

生词	拼音	词性	英文注释	搭配	课文
爱护	àihù	动（v.）	to care for	~身体/花草树木	6
安排	ānpái	动（v.）/名（n.）	to arrange; arrangement	~工作/生活；根据~	5
熬夜	áoyè	动（v.）	to stay up late	~工作/学习	6
百分之	bǎifēnzhī	数（numeral）	percent	~+数词	14
呗	bei	语气（modal particle）	used to indicate an obvious fact		1
拜年	bàinián	动（v.）	to pay a New Year call	A给B~	15
绑定	bǎngdìng	动（v.）	to bind	~手机号/银行卡	13
包含	bāohán	动（v.）	to include	~信息/内容	1
保证	bǎozhèng	动（v.）/名（n.）	to ensure; guarantee	~VO	9
背景	bèijǐng	名（n.）	background	家庭~	10
比如	bǐrú	动（v.）	for example...	~（例子）	1
毕竟	bìjìng	副（adv.）	after all	~+事实/原因	10
便	biàn	副（adv.）	then		7
遍	biàn	动（v.）	all over; all around	玩/吃/游~	5
表示	biǎoshì	动（v.）/名（n.）	to show; to express; expression	红灯~停，握手~友好；友好的~	2
表扬	biǎoyáng	动（v.）	to praise	受到~	8
并且	bìngqiě	连（conj.）	and	不但/不仅……~……	8
播放	bōfàng	动（v.）	to play	~音乐/电影/广告	7
不得不	bùdébù		to have to		12
不妨	bùfáng	副（adv.）	(might) as well		5
不管……都……	bùguǎn...dōu...		no matter what ...		10
不仅	bùjǐn	连（conj.）	not only...	~……而且/还……	5
不可思议	bùkěsīyì		unbelievable	对……感到~	10
不然	bùrán	连（conj.）	otherwise		4
部分	bùfen	名（n.）	part	一/这/小/大~	4
部门	bùmén	名（n.）	department; office	政府~，销售~	14
材料	cáiliào	名（n.）	material	一种~	4
菜系	càixì	名（n.）	style of cooking	八大~，特色~	4
产生	chǎnshēng	动（v.）	to cause; to generate	~影响/兴趣	2
场	chǎng	量（mw.）	the duration of ...	一~比赛/演唱会	3
沉默	chénmò	形（adj.）	silent	保持~	9

晨练	chénliàn	动（v.）	to do morning exercises	参加~	6
盛	chéng	动（v.）	to fill	~菜/出来	4
成功	chénggōng	形（adj.）/动（v.）	successful; to succeed	取得~；~解决，很~	1
承认	chéngrèn	动（v.）	to admit		10
诚实	chéngshí	形（adj.）	honest		9
吃惊	chījīng	动（v.）	to be surprised	大吃一惊，吃了一惊	10
充分	chōngfèn	形（adj.）	adequate	~利用，准备~	4
充满	chōngmǎn	动（v.）	to be full of	~信心/希望	2
重新	chóngxīn	副（adv.）	again	~开始/做/写	12
宠物	chǒngwù	名（n.）	pet	养~，~医院	8
出汗	chūhàn	动（v.）	to sweat	出一身汗	3
出行	chūxíng	动（v.）	to travel	~方式	12
初一	chūyī	名（n.）	the first day of a month in the Chinese lunar calendar		15
词语	cíyǔ	名（n.）	word	常用的~	1
此外	cǐwài	连（conj.）	besides		2
从事	cóngshì	动（v.）	to engage in	~教育工作	1
存在	cúnzài	动（v.）/名（n.）	to exist; existence	~问题/困难	6
错过	cuòguò	动（v.）	to miss	~机会	3
错误	cuòwù	名（n.）	mistake	犯~，一个~	1
达人	dárén	名（n.）	expert; talent	旅游/时尚~	5
打断	dǎ duàn	动（v.）	to interrupt	~一下儿	11
打散	dǎ sàn	动（v.）	to whisk (an egg)	把鸡蛋~	4
打听	dǎtīng	动（v.）	to inquire	~消息	10
打印	dǎyìn	动（v.）	to print		11
大多数	dàduōshù	名（n.）	majority	~人	12
大方	dàfāng	形（adj.）	generous		9
大量	dàliàng	形（adj.）	a large number of	~信息/日常用品	1
大扫除	dàsǎochú	名（n.）	a great house cleaning		15
代言	dàiyán	动（v.）	to endorse	~人	7
待	dāi	动（v.）	to stay	~在家	3
单身	dānshēn	名（n.）	single		10
倒	dào	副（adv.）	used to denote a transition or concession		8
倒霉	dǎoméi	形（adj.）	unlucky	（反义词：幸运）	13
到底	dàodǐ	副（adv.）	on earth		11
道理	dàolǐ	名（n.）	reason	讲~，有~	11
得意	déyì	形（adj.）	complacent		8
灯	dēng	名（n.）	lamp	一盏~	7

等于	děngyú	动（v.）	to be equal to		6
底	dǐ	名（n.）	bottom	海/车/脚~	5
地大物博	dìdà-wùbó		vast territory and abundant resources		4
递	dì	动（v.）	to pass	~给我，~过来	4
调查	diàochá	名（n.）/动（v.）	investigation; to investigate	一项~；~情况	2
动力	dònglì	名（n.）	motivation	有~，失去~	2
都市	dūshì	名（n.）	metropolis; city		5
短信	duǎnxìn	名（n.）	message	发/收~，一条~	13
多样性	duōyàngxìng	名（n.）	diversity		13
躲	duǒ	动（v.）	to hide	~雨，~开	7
欸	ēi	叹（int.）	an interjection for attracting attention		11
发出	fāchū	动（v.）	to emit	~声音/灯光	7
发脾气	fā píqi	动（v.）	to lose temper	A对B~	10
发展	fāzhǎn	动（v.）	to develop	~经济，社会~	11
烦恼	fánnǎo	名（n.）/形（adj.）	trouble; worried	有~；让人~	3
反对	fǎnduì	动（v.）	to object to		12
反而	fǎn'ér	副（adv.）	on the contrary		12
方面	fāngmiàn	名（n.）	aspect	一个~	13
方式	fāngshì	名（n.）	way; manner	一种~	9
方向	fāngxiàng	名（n.）	direction		14
放弃	fàngqì	动（v.）	to give up	~机会/升职	2
放松	fàngsōng	动（v.）	to relax	~身心/肌肉	3
分手	fēnshǒu	动（v.）	to break up with	A跟B~	3
丰满	fēngmǎn	形（adj.）	plump	身材~	9
风吹雨淋	fēngchuī-yǔlín		to be exposed to wind and rain		12
风光	fēngguāng	名（n.）	scenery	自然~，~好	5
疯狂	fēngkuáng	形（adj.）	crazy	为……~	3
否则	fǒuzé	连（conj.）	otherwise	A，~B	12
符合	fúhé	动（v.）	to accord with	~要求/标准	5
付款	fùkuǎn	动（v.）	to pay the bill		13
复印	fùyìn	动（v.）	to copy		11
复杂	fùzá	形（adj.）	complicated	情况/问题~	2
改变	gǎibiàn	动（v.）	to change	有~，~世界/计划	13
改善	gǎishàn	动（v.）	to improve	~生活/环境	12
尴尬	gāngà	形（adj.）	embarrassing; embarrassed		1
赶	gǎn	动（v.）	to hurry; to catch up with	~车/地铁/飞机	12

生词表

敢	gǎn	动（v.）	to dare	（不）~VO	1
感受	gǎnshòu	动（v.）/名（n.）	to feel; feeling	~到；留学~	5
搞定	gǎodìng	动（v.）	to work out	~了	4
个人	gèrén	形（adj.）	personal	~信息	13
根本	gēnběn	副（adv.）	at all	~+否定	3
根据	gēnjù	介（prep.）	on the basis of		6
根源	gēnyuán	名（n.）	source; root cause	压力的~	2
公里	gōnglǐ	量（mw.）	kilometer	一~	12
公益	gōngyì	名（n.）	public welfare	~活动/广告	7
功能	gōngnéng	名（n.）	function	一项~	13
共同	gòngtóng	形（adj.）	common	~语言/话题/点	9
共享单车	gòngxiǎng dānchē	名（n.）	bike-sharing		12
孤独	gūdú	形（adj.）	lonely		8
顾客	gùkè	名（n.）	customer		7
关键	guānjiàn	名（n.）/形（adj.）	key	~在于；~问题，很~	10
管理	guǎnlǐ	动（v.）	to manage	~公司/职员	12
光	guāng	名（n.）	light	太阳/灯~	7
广告	guǎnggào	名（n.）	advertisement		7
规律	guīlǜ	名（n.）/形（adj.）	law; regular	有~；生活~	6
锅	guō	名（n.）	wok; pan	一口~	4
过	guò	副（adv.）	over	~高/低/难/奖	11
害羞	hàixiū	形（adj.）	shy	别~	1
寒暑假	hán shǔ jià	名（n.）	winter and summer vacations		14
行业	hángyè	名（n.）	industry		14
合作	hézuò	动（v.）	to collaborate	A跟B~	14
恨不得	hènbude		one wishes one could ...		3
呼吸	hūxī	动（v.）	to breathe		15
互联网	hùliánwǎng	名（n.）	the Internet		14
话题	huàtí	名（n.）	topic	谈论一个~	14
怀疑	huáiyí	动（v.）	to doubt	让人~	7
缓解	huǎnjiě	动（v.）	to relieve	~疼痛/拥堵	12
回收	huíshōu	动（v.）	to recycle	~衣服/书/垃圾	11
会议	huìyì	名（n.）	conference		13
活动	huódòng	动（v.）/名（n.）	to exercise; activity; event	~身体；课外~	3
活力	huólì	名（n.）	vigor; energy	有~，失去	2
活泼	huópō	形（adj.）	lively		9

获得	huòdé	动（v.）	to gain	~+抽象事物，~好评	11
肌肉	jīròu	名（n.）	muscle	练~	3
积极	jījí	形（adj.）	positive	~作用	14
激动	jīdòng	形（adj.）	excited	心情~	3
及时	jíshí	形（adj.）/副（adv.）	timely; in time	很~，~雨；~解决	11
吉利	jílì	形（adj.）	lucky	~话	15
级	jí	名（n.）	level	数词+~	14
即使	jíshǐ	连（conj.）	even if	~……也……	11
集中	jízhōng	形（adj.）/动（v.）	concentrated; to concentrate	精神~；~注意力	1
几乎	jīhū	副（adv.）	almost	~每天，~所有人	3
纪念	jìniàn	动（v.）	to commemorate	~他/品	15
既……又……	jì ... yòu ...		not only... but also...	既简单又有趣	1
家常	jiācháng	名（n.）	home style	~菜	4
家庭主妇	jiātíng zhǔfù	名（n.）	housewife		10
家务	jiāwù	名（n.）	housework	~劳动/活儿，做~	10
价格	jiàgé	名（n.）	price	~高/低	12
坚强	jiānqiáng	形（adj.）	strong; firm		9
减少	jiǎnshǎo	动（v.）	to reduce	~麻烦/污染	11
讲究	jiǎngjiū	动（v.）	to be particular about	~吃穿，~品质	4
降低	jiàngdī	动（v.）	to decrease	~标准/要求	11
酱油	jiàngyóu	名（n.）	soy sauce		4
交往	jiāowǎng	动（v.）	to contact; to socialize	A跟B~	13
郊外	jiāowài	名（n.）	suburb		15
接待	jiēdài	动（v.）	to receive	~客户/室	14
接着	jiē zhe	动（v.）	to follow; to go on	~说/做	4
节省	jiéshěng	动（v.）	to save	~时间	13
节约	jiéyuē	动（v.）	to save; to economize	~时间/用水/用电	11
解决	jiějué	动（v.）	to solve	~问题/困难	10
解锁	jiěsuǒ	动（v.）	to unlock		13
今后	jīnhòu	名（n.）	future		14
紧张	jǐnzhāng	形（adj.）	nervous	很~	1
尽管	jǐnguǎn	连（conj.）	although	~……但是/可是/仍然……	6
尽快	jǐnkuài	副（adv.）	as soon as possible	~完成/回复	14
禁止	jìnzhǐ	动（v.）	to prohibit	~吸烟	11
经济	jīngjì	形（adj.）/名（n.）	economic; economy	~实惠；~压力，发展~	10

究竟	jiūjìng	副（adv.）	on earth		13
就业	jiùyè	动（v.）	to obtain employment; to get a job	大学生~	2
俱全	jùquán	形（adj.）	complete in all varieties	色香味~	4
距离	jùlí	名（n.）	distance	~近/远，有~	13
绝对	juéduì	副（adv.）	definitely	~正确/没错儿	3
开朗	kāilǎng	形（adj.）	outgoing		9
开夜车	kāiyèchē	动（v.）	to burn the midnight oil		6
看	kān	动（v.）	to guard	~家	8
看重	kànzhòng	动（v.）	to stress on	~知识/能力	14
考虑	kǎolǜ	动（v.）	to consider	~意见/问题	8
科技	kējì	名（n.）	science and technology	高~，信息~	11
科学	kēxué	名（n.）/形（adj.）	science; scientific	自然~；不~	7
颗	kē	量（mw.）	a measure word for something round or granular	一~糖/心	7
客户	kèhù	名（n.）	customer; client	~服务	14
课程	kèchéng	名（n.）	course; curriculum	~表/安排	2
空气	kōngqì	名（n.）	air		5
哭笑不得	kūxiào bùdé		at a loss whether to cry or to laugh		1
夸大	kuādà	动（v.）	to exaggerate	~成绩/效果	7
夸张	kuāzhāng	形（adj.）	exaggerated	太~	3
块儿	kuàir	名（n.）	piece	小~	4
狂	kuáng	名（n.）	enthusiast	健身/购物/工作~	3
垃圾	lājī	名（n.）	rubbish	扔~	7
辣椒	làjiāo	名（n.）	chili; pepper		6
蜡烛	làzhú	名（n.）	candle		11
来源	láiyuán	名（n.）/动（v.）	source; to be derived from	经济~；A~于B	2
拦住	lán zhù	动（v.）	to stop	拦不住	7
浪费	làngfèi	动（v.）	to waste	~水/电	11
浪漫	làngmàn	形（adj.）	romantic		9
老百姓	lǎobǎixìng	名（n.）	ordinary people		4
乐观	lèguān	形（adj.）	optimistic		9
梨	lí	名（n.）	pear		15
礼貌	lǐmào	名（n.）/形（adj.）	politeness; polite	有/讲~；不~	15
利用	lìyòng	动（v.）	to utilize	互相~	4
例如	lìrú	动（v.）	for instance; for example		4
俩	liǎ	数（numeral）	two	夫妻/咱~	10

了如指掌	liǎorúzhǐzhǎng		to know sth. like the palm of one's hand	对……~	3
令	lìng	动（v.）	to make; to let		14
另外	lìngwài	连（conj.）	besides; moreover		8
流行	liúxíng	形（adj.）	popular	~歌曲	5
遛	liù	动（v.）	to walk (a dog, etc.)	~狗，~大街	8
龙	lóng	名（n.）	the Chinese Dragon		9
绿色	lǜsè	名（n.）/形（adj.）	green	~食品/建筑/出行	12
乱七八糟	luànqībāzāo		in a mess	~的	8
满足	mǎnzú	动（v.）	to satisfy	~于……，~要求	12
美景	měijǐng	名（n.）	beautiful scenery		15
美味	měiwèi	形（adj.）	delicious		4
魅力	mèilì	名（n.）	charm	有~	9
萌	méng	形（adj.）	cute	~~的，很~	8
梦乡	mèngxiāng	名（n.）	dream	进入~	7
面部	miànbù	名（n.）	face		13
苗条	miáotiáo	形（adj.）	slim	身材~	9
敏感	mǐngǎn	形（adj.）	sensitive		9
明亮	míngliàng	形（adj.）	bright	灯光~，~的眼睛	15
明星	míngxīng	名（n.）	star	女~	7
魔法	mófǎ	名（n.）	magic		5
末班车	mò bān chē	名（n.）	the last bus/train		12
默默	mòmò	副（adv.）	silently	~地看	8
母语	mǔyǔ	名（n.）	native language		1
目的	mùdì	名（n.）	aim; purpose; goal	~地，有~	10
目前	mùqián	名（n.）	now		14
哪怕	nǎpà	连（conj.）	even though; no matter how	~A也/都B	3
内容	nèiróng	名（n.）	content	~丰富	2
耐心	nàixīn	形（adj.）/名（n.）	patient; patience	~解释；有~	10
难点	nándiǎn	名（n.）	difficult point	知道~	1
难受	nánshòu	形（adj.）	unwell	疼得~	6
能力	nénglì	名（n.）	capacity; ability	有~，锻炼~，~强	1
能源	néngyuán	名（n.）	energy resource	绿色~，新~	12
年龄	niánlíng	名（n.）	age	~大/小，退休~	9
年味儿	nián wèir	名（n.）	the New Year atmosphere	有~	15
女性	nǚxìng	名（n.）	woman		2
判断	pànduàn	动（v.）	to judge; to determine	~力/正确/题	7

泡吧	pào bā	动（v.）	to go to a bar/nightclub		6
陪伴	péibàn	动（v.）	to accompany	~父母/子女	8
陪同	péitóng	动（v.）	to escort	~翻译/参观	14
烹饪	pēngrèn	动（v.）	to cook	~美食	14
骗	piàn	动（v.）	to deceive	~人/钱	3
平常	píngcháng	名（n.）	ordinary days		14
平时	píngshí	名（n.）	at ordinary times		1
破	pò	形（adj.）	torn; worn-out	~衣服，咬~	8
期待	qīdài	动（v.）	to look forward to	~你来/再见面	8
期间	qījiān	名（n.）	period; duration	春节/比赛/考试~	3
其他人	qítā rén	名（n.）	other people		13
企业	qǐyè	名（n.）	enterprise	著名~	14
气氛	qìfēn	名（n.）	atmosphere	浪漫/友好的~	15
千变万化	qiānbiàn-wànhuà		ever-changing	做法/气候~	4
千万	qiānwàn	副（adv.）	(used as a stress) to be sure to	~+否定	15
潜水	qiánshuǐ	动（v.）	to go under water; to dive		5
切	qiē	动（v.）	to cut	~丝/块	4
亲爱	qīn'ài	形（adj.）	dear	~的n.	9
亲切	qīnqiè	形（adj.）	intimate	对……~	9
亲人	qīnrén	名（n.）	relatives		15
轻松	qīngsōng	形（adj.）	relaxed	放~	2
轻易	qīngyì	形（adj.）	easy		7
清新	qīngxīn	形（adj.）	fresh	~的空气	5
情意	qíngyì	名（n.）	affection; goodwill	~深	15
请教	qǐngjiào	动（v.）	to ask for advice; to consult	~一下，向……~	1
球星	qiúxīng	名（n.）	soccer star	著名~	3
区别	qūbié	名（n.）	difference	有~，~很大	1
去世	qùshì	动（v.）	to pass away		15
缺少	quēshǎo	动（v.）	to lack	~睡眠/时间	6
然而	rán'ér	连（conj.）	however	……，~……。	8
任何	rènhé	代（pron.）	any	~人/错误	3
任务	rènwu	名（n.）	task; assignment	~重，完成~	2
撒	sǎ	动（v.）	to scatter; to spread	~上	4
三轮车	sānlúnchē	名（n.）	tricycle		7
丧气	sàngqì	形（adj.）	demoralizing	~话	2
扫	sǎo	动（v.）	to scan; to sweep	~二维码；~地	13

扫墓	sǎomù	动（v.）	to attend to the tomb (of deceased relatives)		15
森林	sēnlín	名（n.）	forest	一片~	11
沙滩	shātān	名（n.）	beach		5
善良	shànliáng	形（adj.）	kind-hearted		7
商量	shāngliang	动（v.）	to discuss; to consult	A跟B~	10
上火	shànghuǒ	动（v.）	to suffer from excessive internal heat		6
稍微	shāowēi	副（adv.）	slightly	~走两步/不注意	6
设计	shèjì	动（v.）/名（n.）	to design; design	~路线/活动/师；一项~	5
社会	shèhuì	名（n.）	society		13
身材	shēncái	名（n.）	stature; figure	~好	9
深度	shēndù	形（adj.）	deep	~游/认识	5
神秘	shénmì	形（adj.）	mysterious		9
甚至	shènzhì	连（conj.）	even		6
升学	shēngxué	动（v.）	to enter a higher school	~考试	2
生产	shēngchǎn	动（v.）	to produce	~汽车，~线	11
生命	shēngmìng	名（n.）	life		3
省心	shěngxīn	形（adj.）	saving trouble		5
剩	shèng	动（v.）	to be left over	~饭/菜，~男/女	10
失眠	shīmián	动（v.）	to lose sleep		2
失球	shī qiú	动（v.）	to fumble		3
失望	shīwàng	动（v.）/形（adj.）	to disappoint; disappointing	A令B~，B对A~；很~	14
诗人	shīrén	名（n.）	poet	一位~	15
时代	shídài	名（n.）	times	~潮流	14
实话	shíhuà	名（n.）	truth	说~	9
实现	shíxiàn	动（v.）	to realize	~理想/目标	13
使	shǐ	动（v.）	to make		13
使用	shǐyòng	动（v.）	to use	~方法	11
式	shì	名（n.）	style	男/女/新~	5
是否	shìfǒu	副（adv.）	whether		11
收入	shōurù	名（n.）	income	~高/低	10
首都	shǒudū	名（n.）	capital		12
受	shòu	动（v.）	to receive; to suffer; to be subjected to	~（到）……影响/表扬	1
瘦身	shòushēn	动（v.）	to lose weight	~运动/方法	7
数	shǔ	动（v.）	to count	~数/钱，~不清	5
双方	shuāngfāng	名（n.）	both sides	男女~	10

睡眠	shuìmián	名（n.）	sleep	~不够	6
丝	sī	名（n.）	slice		4
私家车	sījiā chē	名（n.）	private car		12
俗话	súhuà	名（n.）	popular saying	~说，一句~	4
塑料袋	sùliào dài	名（n.）	plastic bag	一个~	11
算	suàn	动（v.）	to count as		11
随身	suíshēn	形（adj.）	carry-on; handy	~用品/带	11
随手	suíshǒu	副（adv.）	conveniently; without extra trouble	~关门/扔垃圾	11
随意	suíyì	形（adj.）	as one pleases	~点菜/进出	12
所	suǒ	助（particle）	used with a verb to introduce the receiver of the action		14
态度	tàidù	名（n.）	attitude	工作/学习~	7
提供	tígòng	动（v.）	to provide	~信息/帮助	13
条件	tiáojiàn	名（n.）	condition	~高/多，提~，身体/工作~	10
调皮	tiáopí	形（adj.）	naughty		8
调整	tiáozhěng	动（v.）	to adjust	~心态/目标/计划	2
同情	tóngqíng	动（v.）	to sympathize with	~她	9
同时	tóngshí	名（n.）	meanwhile	（在）A的~还/也B	1
头晕	tóuyūn	动（v.）	to faint		6
透	tòu	副（adv.）	thoroughly; completely	湿/坏/糟糕~了	13
土豆	tǔdòu	名（n.）	potato		4
团圆	tuányuán	动（v.）	to have a reunion	全家~	15
推广	tuīguǎng	动（v.）	to promote	~普通话，产品~	14
外貌	wàimào	名（n.）	appearance		9
往往	wǎngwǎng	副（adv.）	often		6
伟大	wěidà	形（adj.）	great	~的n.	15
尾气	wěiqì	名（n.）	exhaust gas		12
味精	wèijīng	名（n.）	MSG (seasoning)	放~	6
温暖	wēnnuǎn	形（adj.）	warm		7
文静	wénjìng	形（adj.）	gentle and quiet		9
闻	wén	动（v.）	to smell	~起来/到/不到	4
稳定	wěndìng	形（adj.）	stable	工作/生活~	10
污染	wūrǎn	动（v.）	to pollute	~环境/空气	11
无论	wúlùn	连（conj.）	no matter	无论……都/也……	11
无所谓	wúsuǒwèi	动（v.）	it doesn't matter	对……~	9
雾霾	wùmái	名（n.）	haze		12
西红柿	xīhóngshì	名（n.）	tomato		4

吸引	xīyǐn	动（v.）		to attract	~人/注意	7
喜庆	xǐqìng	形（adj.）		joyous	~事儿	15
显示	xiǎnshì	动（v.）		to show; to display	调查~，~出来	2
现场	xiànchǎng	名（n.）		scene; on the spot	比赛~，~参观，事故~	3
相比	xiāngbǐ	动（v.）		to compare	跟A~，B……	9
相关	xiāngguān	动（v.）		to relate to	与……~	14
相亲	xiāngqīn	动（v.）		to have a blind date	相了几次亲，A跟B~	10
相似	xiāngsì	形（adj.）		similar	A跟B~	1
相信	xiāngxìn	动（v.）		to believe	~自己	2
香葱	xiāngcōng	名（n.）		green onion		4
详细	xiángxì	形（adj.）		detailed		10
享受	xiǎngshòu	动（v.）		to enjoy	~生活	5
项	xiàng	量（mw.）		item	一~调查/任务	2
消费	xiāofèi	动（v.）		to consume	~品，高~	13
小伙子	xiǎohuǒzi	名（n.）		young man		9
效率	xiàolǜ	名（n.）		efficiency	工作~	12
谐音	xiéyīn	名（n.）		homophone		15
心理学	xīnlǐ xué	名（n.）		psychology		9
心态	xīntài	名（n.）		mentality; psychology	~平静	2
欣赏	xīnshǎng	动（v.）		to appreciate	~风景/音乐	5
兴奋	xīngfèn	形（adj.）		excited		8
行程	xíngchéng	名（n.）		travel schedule	~安排，~计划	5
性格	xìnggé	名（n.）		character		8
休闲	xiūxián	动（v.）		leisure	~娱乐/活动	13
选择	xuǎnzé	动（v.）/名（n.）		to choose; choice	做~；一个~	1
学历	xuélì	名（n.）		education background	最高~	10
血型	xuèxíng	名（n.）		blood type	一种~	9
压力	yālì	名（n.）		pressure	有~，~很大	2
亚健康	yàjiànkāng	名（n.）		sub-health		6
阳光	yángguāng	名（n.）		sunshine		5
阳台	yángtái	名（n.）		balcony		7
洋腔洋调	yáng qiāng yáng diào			to have a foreign accent		1
养	yǎng	动（v.）		to keep; to grow	~花/宠物	8
养成	yǎngchéng	动（v.）		to develop (a habit)	……的习惯	6
养生	yǎng shēng	动（v.）		to keep in good health		6
样	yàng	量（mw.）		kind; type	多种多~	4
咬	yǎo	动（v.）		to bite	~一口，~住/破	8

一大早	yí dà zǎo	名（n.）	early morning		6
一切	yíqiè	代（pron.）	all	~问题/困难	14
一下子	yíxiàzi	副（adv.）	all of a sudden		7
意义	yìyì	名（n.）	meaning	有积极的~	11
因此	yīncǐ	连（conj.）	therefore		4
因素	yīnsù	名（n.）	factor	一个~	6
饮食	yǐnshí	名（n.）	cuisine	~文化/习惯	4
应聘	yìngpìn	动（v.）	to apply for	~工作	14
哟	yō	叹（int.）	oh (used to express a mild surprise)		9
拥堵	yōngdǔ	动（v.）	(traffic) to congest	交通~	12
勇敢	yǒnggǎn	形（adj.）	brave		8
优点	yōudiǎn	名（n.）	advantage		12
幽默	yōumò	形（adj.）	humorous	很~	2
由……引起	yóu...yǐnqǐ	动（v.）	to be caused by...		6
由于	yóuyú	连（conj.）	because		4
邮件	yóujiàn	名（n.）	mail/e-mail	发/收~，一封~	13
游戏	yóuxì	名（n.）	game	玩~	3
友好	yǒuhǎo	形（adj.）	friendly	对……~	8
有趣	yǒuqù	形（adj.）	interesting	很~	1
有意	yǒuyì	动（v.）	to have a mind to	~做	14
有助于	yǒuzhùyú	动（v.）	to contribute to; to conduce to		12
于是	yúshì	连（conj.）	as a result	……，~……。	8
娱乐	yúlè	名（n.）/动（v.）	entertainment; to entertain	一种~，~活动	13
与	yǔ	介（prep.）	and; with	A~B	13
与其……不如……	yǔqí...bùrú...	连（conj.）	would rather... than...		7
语言	yǔyán	名（n.）	language	共同~，一种~	10
原因	yuányīn	名（n.）	cause	一个重要的~	6
圆	yuán	形（adj.）	round		8
约会	yuēhuì	动（v.）/名（n.）	to date; date	A跟B~，有一个~	10
在于	zàiyú	动（v.）	to lie in		3
则	zé	副（adv.）	used to denote a comparison or transition	A……，而B~……。	9
责任	zérèn	名（n.）	responsibility	~重大，有~，负~	2
增加	zēngjiā	动（v.）	to increase	~收入/人数	13
宅	zhái	动（v.）/形（adj.）	to stay at home; home-bound	~在家；很~，~男，~女	3

盏	zhǎn	量（mw.）	a measure word for a lamp, etc.	一~灯	7
战术	zhànshù	名（n.）	tactics		3
照顾	zhàogù	动（v.）	to take care of	~病人	2
这么	zhème	代（pron.）	so; like this	~+adj.	10
整	zhěng	形（adj.）	all; whole	~天/年/个	3
政府	zhèngfǔ	名（n.）	government	中国~	12
之间	zhījiān	名（n.）	between; among	A跟B~	13
支付	zhīfù	动（v.）	to pay	~现金	13
值得	zhídé	动（v.）	to deserve	~高兴/一去/买/研究	2
只见	zhǐjiàn	动（v.）	only to see		7
指纹	zhǐwén	名（n.）	fingerprint		13
中心	zhōngxīn	名（n.）	center	以……为~，~问题/工作，信息~	10
忠诚	zhōngchéng	形（adj.）	loyal		8
终于	zhōngyú	副（adv.）	finally	~成功，~解决	1
重点	zhòngdiǎn	名（n.）	emphasis	关注~	1
主动	zhǔdòng	形（adj.）	active		8
主要	zhǔyào	形（adj.）	main	~问题/原因/目的	14
注重	zhùzhòng	动（v.）	to pay attention to	~健康/养生/环保	6
著名	zhùmíng	形（adj.）	famous	~的	5
转	zhuǎn	动（v.）	to transfer	~钱/账	13
赚	zhuàn	动（v.）	to earn	~钱	7
状态	zhuàngtài	名（n.）	status	心理/精神~	2
追	zhuī	动（v.）	to pursue	~剧/星，~求	3
追求	zhuīqiú	动（v.）	to pursue	~完美/成功/梦想/异性	9
准	zhǔn	副（adv.）	definitely; surely	~忘不了，~没错，~能成功	1
准时	zhǔnshí	形（adj.）	punctual	~出发/到达	8
资金	zījīn	名（n.）	fund	~安全/来往	13
自然	zìrán	名（n.）	nature	~风光	5
自信	zìxìn	形（adj.）/动（v.）/名（n.）	confident; to be confident of; confidence	对……很/有~	9
自助	zìzhù	动（v.）	to go on self-service	~游/餐	5
总之	zǒngzhī	连（conj.）	after all		6
作为	zuòwéi	介（prep.）	as	~学生/中国通	5